DICTIONNAIRE

PRATIQUE ET PORTATIF

DES

BOUCHES-DU-RHONE

AVEC UNE CARTE POSTALE & TÉLÉGRAPHIQUE

PAR

ALFRED SAUREL

Membre de la Société de Géographie de Marseille,
du Club Alpin Français (section de Provence),
Auteur du Dictionnaire des Villes, Villages et Hameaux
du Département des Bouches-du-Rhône,
(publié sous le patronage du Conseil général)
etc. et Membre d'un grand nombre de Sociétés
savantes et littéraires, etc.

Prix : 1 Franc

MARSEILLE

CAMOIN ET C¹ᵉ, IMPRIMEURS-ÉDITEURS

15, Quai du Canal, 15

1880

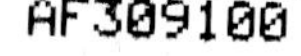

DICTIONNAIRE

DES

BOUCHES-DU-RHONE

DICTIONNAIRE

PRATIQUE ET PORTATIF

DES

BOUCHES-DU-RHONE

AVEC UNE CARTE POSTALE & TÉLÉGRAPHIQUE

PAR

Alfred Saurel

Membre de la Société de Géographie de Marseille,
du Club Alpin Français (section de Provence)
Auteur du Dictionnaire des Villes, Villages et Hameaux
du Département des Bouches-du-Rhône,
(publié sous le patronage du Conseil général)
Lauréat et Membre d'un grand nombre de Sociétés
savantes et littéraires, etc.

MARSEILLE

T. SAMAT ET Cⁱᵉ, IMPRIMEURS-ÉDITEURS

15, *Quai du Canal,* 15

1880

PRÉFACE DES ÉDITEURS

[L'ouvr]age que nous livrons au public n'est pas
[destiné à] remplacer le *Dictionnaire des Villes,
[Bour]gs et Hameaux du Département des
[Bouches]-du-Rhône, par M. Alfred Saurel.

[Ce] Dictionnaire, bien qu'émanant de la plume
[d'un] auteur, rédigé d'après un plan nouveau
[impri]mé dans un format essentiellement porta-
[tif, des]tiné à devenir le compagnon de poche
[des Joanne-]Chaix et des *Guides-Diamant* d'Adol-
[phe Joan]ne, pour toutes les personnes qui auront
[...] seulement à traverser le départe-
[ment des] Bouches-du-Rhône.

[Il est] écrit pour tous ceux qui voudront, sans
[recher]ches prolongées, avoir des renseignements
[pré]cis sur tous les points de la région :
Villages, Hameaux, Stations; Rivières,
[...], Canaux de navigation, d'arrosage et
[dessè]chement; Chemins de fer, Routes na-
[tionales,] départementales et de grande vicinalité;
Montagnes; Sites pittoresques; Châteaux
[...] vieux ayant joué un rôle dans l'his-
[toire; rui]nes antiques, etc.

[Les commer]çants et les industriels y rencontreront
[des indica]tions générales mais exactes sur les
[...] naturelles ou artificielles de chaque

VI

Les Touristes, rompus à la marche, retrouveront sans peine les chiffres des distances entre les Villages les plus isolés et leurs Chefs-Lieux, et les altitudes des lieux agrestes et des Montagnes ;

Les Excursionnistes modestes y verront le nom de tous les Monuments avec la date de leur construction et même la liste des hommes remarquables de la Ville qu'ils auront à visiter ;

Tous, indistinctivement, y recueilleront des renseignements suffisants pour les localiser sur la position, l'importance, le commerce, l'industrie et les agréments même du moindre coin du département qu'ils auront intérêt à connaître.

Ce *Vade Mecum* du voyageur dans les Bouches-du-Rhône sera donc éminemment utile aux personnes qui voudront bien le consulter, et c'est dans cette persuasion que nous n'avons pas hésité à nous en faire les propagateurs.

NOTE DE L'AUTEUR

Les chiffres placés entre parenthèses, tels que ceux-ci (1586), indiquent l'année à laquelle remonte ou est attribué l'édifice ou l'acte cité.

Les distances des hameaux au chef-lieu de la commune, des communes au chef-lieu du canton, et des cantons au chef-lieu de l'arrondissement sont celles que l'on parcourt en suivant les *routes classées* conduisant le plus directement d'un point à l'autre. Les chemins *vicinaux* proprement dits ne sont compris dans ces calculs qu'à défaut de routes nationales ou départementales, de chemins de grande communication ou d'intérêt commun.

Les distances entre les diverses stations des chemins de fer sont celles parcourues par les voies.

Nous avons conservé l'emploi de l'article dans certains noms : *le* Vernègues, *du* Puy-Sainte-Réparade ; aller *au* Vernègues, aller *au* Puy-Sainte-Réparade, ces termes étant rigoureusement exacts ; mais nous convenons qu'il voudrait mieux supprimer l'article et dire : com. *de* Vernègues, com. *de* Puy-Sainte-Réparade, comme l'on dit : com. *de* Peypin, com. *de* Puyloubier, aller *à* Peypin, aller *à* Puyloubier, etc. Ce serait moins vrai, mais plus euphonique.

Observation pareille pourrait être faite à propos de certains autres mots tels que La Barben, La Fare, La Ciotat, etc., mais l'usage étant le seul maître en ces questions, nous avons dû nous y subordonner. Que l'on ne s'étonne pas, dès lors, de nous voir écrire : Labarben, Lavignole, en un seul mot, tandis que nous acceptons La Ciotat avec l'article séparé.

Nous n'avons pas le pouvoir de réformer toutes les traditions.

ABRÉVIATIONS

arrond.	arrondissement.
Aux env.	Aux environs.
Biog.	*Biographie.*
c.	centimètres.
cant.	canton.
ch.-l.	chef-lieu.
chem.	chemin.
com.	commune.
E.	Est.
gr. com.	grande communication.
hab.	habitants.
hect.	hectares.
int. com.	intérêt commun.
kil.	kilomètres.
m.	mètres.
N.	Nord.
nat.	nationale.
n°	numéro.
O.	Ouest.
quart.	quartier.
S.	Sud.
s.	siècle.
V.	Voir.
Vis.	Visiter.

NORD
EXPLICATION DES SIGNES
CHEF LIEU DE DÉPᵗ
CHEF LIEU D'ARRONᵗ
Chef lieu de Canton
Commune
Route Nationale
Route Départementale
Chemin Vicinal
Chemin de fer et Station
Canal
Limite de Département
Limite d'Arrondissement
Signe distinctif des Bureaux de Poste.
Station Télégraphique.
OUEST
EST
SUD
CARPENTRAS
Mormoiron
Sᵗ Étienne les Orgues
FORCALQUIER
BASSES
ALPES
Manosque
AVIGNON
Pertuis
Apt
Cavaillon
Bonnieux
Cadenet
Remoulins
Sᵗ Maixent
Marguerittes
NÎMES
Beaucaire
Tarascon
Sᵗ Rémy
Orgon
Eyguières
Salon
Lambesc
Peyrolles
Ruins
Vauvert
Sᵗ Gilles
ARLES
Sᵗ Chamas
AIX
Trets
Aigues-Mortes
Istres
Berre
Martigues
Fos
C. de Fos
Gardanne
Gréasque
MARSEILLE
Aubagne
Cassis
La Ciotat
Le Beausset
Sᵗ Maries
Golfe de Beauduc
BOUCHES
DU
RHÔNE
ILE DE LA CAMARGUE
MER MÉDITERRANÉE
Oberthür & Fils, Impⁱⁱ Editⁱⁱ à Rennes.

DICTIONNAIRE PRATIQUE

DES

BOUCHES-DU-RHONE

A

Accates (Les) — Village, 263 hab., com. et 6e cant. de Marseille (11 kil. 300 m.)—Altitude : 113 m. — Origine du nom : *Ad accaptum* (1577)—Eglise Saint-Christophe (1737) —Joli site — Foin et fruits.

Accates (Les) — Hameau, com. et 4e canton de Marseille (7 kil. 400 m.) — Entre le chemin de fer d'Aix et le canal de Marseille. — Origine du nom : *Ad accaptum* (1586) — Site agreste — Blanchis- series.

Agneau (L') — Hameau, 79 hab., com. de Vi- trolles (2 kil. 800 m.) cant. de Berre (8 kil.) — Sur les bords de l'étang de Berre.

Agollier (L') — Hameau, com. d'Eygalières (800 m.) cant. d'Orgon (9 kil.) — Dans un vallon, au nord du village.

Aiguebelle — Hameau, com. et cant. de Lambesc (2 kil.)—Sur le chemin de gr. com. n° 4.

Aires (Les)— Hameau, 35 hab. com. de Simiane, cant. de Gardanne.

Aix — Arrondissement — 10 cant., 59 com.; 215,291 hect.; 111,719 hab.

Aix — 2 cantons : Nord et Sud — 7 communes, 34,906 hect; 32,555 habitants — Aix — Eguilles — Meyreuil — Saint-Marc — Tholonet (Le) — Vauve- nargues — Venelles.

Aix — Commune, 28,693 hab., chef-lieu du 2ᵉ arrond. — Distance de Marseille, 29 kil. — de Paris 792 kil. — Altitude : 204 m. — Dans une plaine dominant la vallée de l'Arc, au pied d'un coteau où se trouvait la ville gauloise d'Entremont — Colonie romaine fondée 122 ans avant l'ère vulgaire par C. Sextius Calvinus — Ancien nom : *Aquæ Sextiæ* — Eglise métropolitaine Saint-Sauveur (nef du XIᵉ siècle); chœur (1285); portail (1476); clocher (1323-1411); restes d'un cloître du XIᵉ s.; Eglise Saint-Jean-de-Malte (1233-1251); flèche (XVᵉ s.); Eglise Sainte-Marie-Madeleine (1703); Eglise Saint-Esprit (1716) ; Eglise Saint-Jean-Baptiste ; Palais archiépiscopal (1330-1688); Hôtel-de-Ville (1668) ; Tour de l'Horloge (1505); Palais-de-Justice (1831); Musée des Tableaux; Bibliothèque Méjanes (1786); Théâtre (1757); Halle au blé (1760); Halle aux poissons (1619) ; Ecole des Arts-et-Métiers (1843) ; Musée Bourguignon ; Faculté de droit (ancienne Université) ; Académie et Faculté des Lettres ; Grand Séminaire : Petit Séminaire (1858) ; Fontaines: des Prêcheurs, du Cours, des Quatre-Dauphins, de la Rotonde ; Etablissement de Bains (reconstruit en 1865); Grand cours (1657)— *Biographie* : Albert (1120) ; Palamède de Forbin (1508) ; Fr. Galaup de Chasteuil (1644); Guesnay (658) ; H. Bouche (1671) ; Pitton de Tournefort (1708) ; Bruys (1723) ; Garidel (1737) ; J.-B. Vanloo (1745) ; Bougerel (1753) ; Bardon (1770) ; Emerigon (1784) ; Fauris de Saint-Vincens (1798) ; Siméon (1788) ; Portalis (1807) — Céréales, vins, fruits, huile d'olive — Pépinières — Amandes, cire, laines, liqueurs — Brasseries, fabriques de chapeaux, de pâtes alimentaires, de parapluies, confiseries, distilleries, filatures de coton (indiennes), fonderies, huileries, machines et mécaniques, minoteries, teintureries. —*Foires* : 9 février, Fête-Dieu , 17 septembre, 4 Décembre.

Aix — Station du chemin de fer de Marseille (29 kil.) à Pertuis (32 kil.) — Altitude : 177 m. 20 c.

Albanon (L') — Hameau, com. et canton Nord d'Aix (4 kil.).

Albaron (L') — Village, 716 hab., com. cant. Ouest et arrond. d'Arles (16 kil.) — Dans la Camargue, rive gauche du Petit-Rhône. — Ancien nom : *Albaro* (1064) — Ancien château ; Église Saint-Vincent (1230) — Blé.

Allard — Voir **Rodde** (La).

Allauch — Commune, 3104 hab., 6ᵉ cant. et arrond. de Marseille (10 kil. 780 m.)—Altitude : 233 m. — Sur une montagne aride. — Ancien nom : *Villa Alaudii* (1032) — Restes de tours et de remparts (XIIIᵉ s.); Hôtel-de-Ville (1821); Église paroissiale moderne Saint-Sébastien (1862); Chapelle N.-D. du Château (diverses époques ; altitude 240 m.) — Blé, légumes secs, primeurs. — Carrières de plâtre.

Alleins — Commune, 1086 hab. cant. d'Eyguières (12 kil.) arrond. d'Arles (47 kil.) — Altitude : 168 m. — Au pied septentrional du massif du Vernègues, près du canal de Crapponne — Comptoir massaliète. Anciens noms : *Elenisis* (grec) ; *Elenicis* (IXᵉ s.)— Remparts et ruines du château ; Ancienne chapelle de Saint-Pierre-ès-Liens (nouvellement réparée) où l'on voit des bas-reliefs gallo-romains ; Porte et tour de l'horloge où l'on voit également plusieurs fragments de sculptures antiques; Restes de silos, rue de la Baume; Église de l'Annonciation (1743) — Blé, amandes, seigle, garance — Ocre rouge — Minoterie — *Foires* : 5 février, 27 septembre.

Alphonses (Les) — Hameau, 29 hab., com. de Meyreuil, cant. Sud d'Aix.

Alpines (Les) — Chaîne de montagnes, de 35 kil. de longueur, comprise entre la Durance, le canal de

Crapponne, la Crau et le Rhône, arrond. d'Arles. — Se compose d'un groupe central ou monts d'Aureille et des chaînons des Calons ou de Roquemartine, d'Orgon et de Saint-Remy — Sommets : Les Aupies (492 m.), Caoume ou la Chaume (386 m.), le Défends (309 m.), les Baux (209 m.), le plateau de Roquemartine (125 m.).

Alpines (Canal des) — Voir au mot : **Canal.**

Amalbert — Étang, com. et cant. des Saintes-Maries (10 kil.).

Amandiers (Les) — Hameau, com. de Fuveau (4 kil.) cant. de Trets (15 kil.) — A 300 m. du chemin de gr. com. n° 7.

Ambrosis (Les) — Hameau, com. d'Allauch, (1 kil. 500 m.) 6e canton de Marseille (11 kil.) — Sur le chemin vicinal n° 9 — Origine du nom : *Henri Foucou d'Ambrosi*, propriétaire.

Ancise — Château en ruine, com. d'Eygalières, (1 kil.)— *Castrum de Ancisa* (1228), péage, fort, poste de défense pour les voyageurs — A l'entrée de la vallée dite Vallongue.

Anguillon (L') — Double cours d'eau naturel formé par les laurons des paluds de Saint-Remy et de Mollégès, coulant du Nord au Sud, com. de Noves et de Châteaurenard. — Cours : 11 kil.

Arc (L') — Rivière, traversant l'arrond. d'Aix du N.-E. au S.-O.—Nom véritable :*Lar*, du latin *Laris*. L'ancien *Cœnus* des récits de Plutarque — A sa source près de Pourcieux (Var), passe au Nord de Trets, au Tholonet, à 2 kil. au S.-O. d'Aix, aux Milles, coule sous l'aqueduc de Roquefavour où il reçoit le trop plein du canal de Marseille et débouche dans l'étang de Berre, à 4 kil. à l'Ouest de cette ville. — Parcours dans le département : 80 kil.

Arcades (Les) — Hameau, com. de Port-de-

Bouc (4 kil.) cant. de Martigues (8 kil.) — Entre la mer et l'étang d'Engrenier — Bâti en partie sous les arches d'un *môle* de construction romaine destiné à abriter le port de *Maritima Avaticorum*, pris, jusqu'à ce jour, pour un aqueduc.

Arenc — Faubourg, 1725 hab., com. et 4e cant. N. de Marseille (2 kil. 400 m.) — Sur la route d'Aix et le ruisseau de Caravelle — Ancien nom : *Aregnum* (1249) — Nombreuses usines.

Argeliers (Les) — Hameau, com. et cant. de Saint-Remy (1 kil. 400 m.) — Sur le canal des Alpines.

Arlequin (L') — Faubourg, quart. Saint-Lambert, com. et 5e cant. de Marseille (2 kil. 700 m.) — Origine du nom : *A l'Arlequin, guinguette* (Restauration).

Arles — Arrondissement — 8 cant.; 32 com.; 229,390 hect.; 85,586 hab.

Arles — 2 cantons : Est et Ouest — 2 communes; 107,128 hect.; 27,660 hab. — Arles — Fontvieille.

Arles — Commune, ch.-l. du 3e arrond., distance de Marseille 89 kil. — de Paris 778 kil. — Altitude sur le quai du Rhône : 2 m.; sur le point culminant : 32 m. — Dans une plaine étendue, sur un coteau, rive gauche du Rhône — Ville antérieure à l'occupation romaine — Anciens noms : *Ar-Lath* (celtique?) — *Arelate* (latin) — On compte dans cette ville 120 monuments de tous les âges. Citons les principaux (par lettre alphabétique) :

Restes de l'Abbaye Saint-Césaire (1005-1280); Aliscamps (ancien cimetière, collection de monuments et d'édifices de divers âges); Amphithéâtre romain (date incertaine); Archevêché (1669); Bibliothèque (fondée dans l'Hôtel-de-Ville, en 1822); Ancienne

chapelle des Carmélites (1731) annexée à l'hospice ;
Cloître Saint-Trophime (IXe s., 1221, 1380, XVIe s.) ;
Collége (1646); Clocher des Cordeliers (1469); Halle
aux poissons (1647); Hospice de la Charité (1641);
Hôtel-de-Ville (1673) et Tour de l'Horloge (1547 à
1553); Hôtel-Dieu (1574); Musée Lapidaire (1813)
dans une ancienne église (1621); Restes de N.-D.
de l'Assomption (XVIe s.); Notre-Dame de la Major
(fondations romaines, voûte du XVIe s.); Notre-
Dame de Miséricorde, aux Aliscamps (1451); Obé-
lisque, monument romain, transporté et mis en
place en 1675; Palais-de-Justice et Prison (1200);
Palais de Constantin (306); Chapelle des Pénitents-
Blancs (1532); Chapelle des Pénitents-Bleus (1522);
Chapelle des Pénitents-Noirs, clocher (1469); Petit
Séminaire (1675); Porte de la Cavalerie (1558); Cha-
pelle des Carmélites (1729); Saint-Accurse, aux
Aliscamps (1521); Eglise Saint-Antoine (1648);
Eglise Saint-Césaire (1451-1627); Eglise Saint-Ho-
norat, aux Aliscamps (1054); Saints-Jacques-et-
Philippe ou Genouillade, aux Aliscamps (1529); An-
cienne Eglise Saint-Martin (1635, clocher du XVIe s.);
Cathédrale Saint-Trophime, parties du IXe s., por-
tail du XIIIe s. (1221), chœur du XVe s. (1440) —
Ancienne Eglise Sainte-Croix, clocher du milieu
du XVIe s.; Théâtre moderne (1839); Théâtre antique
(bâti sous Auguste); Trinité (1630); Visitation (1632)
— Promenades : la Lice, le Jardin de la Ville, les
Aliscamps, la place Lamartine — Céréales, foins,
fruits, légumes — Chevaux, bœufs, moutons. —
Sel, grains et farines, matériaux de construction,
bois, fers et aciers — Minoteries, fabriques de chandelles, de chapeaux, de confiserie, de charcuterie,
ateliers du chemin de fer — Navigation maritime
et batellerie sur le Rhône — *Biogr.* : Favorin (140);
Saint Ambroise (397); Quiqueran de Beaujeu (1550);
Cl. Terrin (1710); Anibert (1752); De Méjanes
(1786); Didier Véran (1822) — *Foires* : 17 janvier.

14 et 15 février, lundi de Pâques, 3 et 20 mai, jeudi avant Pentecôte, 28 août.

Arles — Station du chemin de fer de Marseille (86 kil.) à Avignon (35 kil.) — Altitude : 9 m. 20 c. — Embranchement sur Cette (97 kil.). — Autre embranchement (intérêt local) sur Fontvieille (11 kil.).

Arnave (L') — Ruisseau, com. de Trets — Descend de l'Olympe et se jette dans l'Arc.

Arrondissement d'Aix. — 10 cantons ; 59 com.; 215,291 hect. ; 111,719 hab.

Arrondissement d'Arles. — 8 cantons ; 32 com.; 229,390 hect. ; 85,586 hab.

Arrondissement de Marseille. — 9 cantons ; 17 com. ; 65,805 hect. ; 359,070 hab.

Artauds (Les) — Hameau, com. du Tholonet (800 m.) cant. Nord d'Aix (6 kil. 800 m.) — Sur un coteau dominant l'Infernet.

Assassin (L') — Hameau, 114 hab., com. des Pennes (1 kil.) cant. de Gardanne (13 kil.) — Dans un vallon, à la bifurcation des routes dép. n°° 1 et 12 et du chemin d'intérêt commun n° 2.

Astiers (les) — Hameau, com. et cant. de Gardanne (2 kil. 300 m.) — Sur le chemin d'intérêt commun n° 1.

Attaque (L') — Faubourg, com. et 4ᵉ cant. de Marseille (3 kil. 300 m.) — Origine du nom : *Estaque* (droit d'ancrage) — A visiter : les Bassins de radoub.

Aubagne — Canton, 4 communes ; 12,982 hect. 11,765 hab. — Aubagne — Cuges — Gémenos — Penne (La)

Aubagne — Commune, 8,027 hab., chef-lieu de cant. arrond. de Marseille (17 kil. 500 m.) — Altitude : 95 m. et 127 m. — Sur un coteau dominant l'Huveaune, à l'entrée d'une plaine — Ancien nom : *Albanea* (1005) — Restes du château; Église paroissiale Saint-Pierre (1346); Chapelle des Pénitents-Noirs (1785) Chapelle des Pénitents-Blancs (1750) ; Hôtel-de-Ville (1827); Hospice (1684); Fontaine élevée en l'honneur de Barthélemy; 2 Promenades — Foin, blé, légumes, fruits, primeurs — Nombreuses et importantes fabriques de poteries, de ciment, tanneries, minoteries, verrerie — *Biographie :* Fr. Barthélemy (1830), Urbain Domergue (1810). Cl. Sicard (1726) — *Foires :* 2 et 3 février, 19 mars, lundi de Pentecôte, 22 et 23 juillet, 21 septembre. 8 décembre.

Aubagne — Station du chemin de fer de Marseille (17 kil.) à Toulon (50 kil.) — Altitude : 101 m. 70 c. — Embranchement sur Valdonne (17 kil.)

Aubagnens (Les) — Hameau, 14 hab., com. d'Allauch (1 kil. 400 m.)—Près du canal de Marseille—Origine du nom : Durbec, natif d'Aubagne (1717).

Aubarède — Hameau, 51 hab., com. de Graveson, cant. de Châteaurenard.

Auberge-Neuve (L') — Hameau, 130 hab., com. de Peypin (3 kil. 500 m.) canton de Roquevaire (10 kil. 400 m.) — Sur la route nationale, n° 8 *bis*.

Aubespin — Hameau, 62 hab., com. de Graveson, cant. de Châteaurenard.

Audrys (Les) — Hameau et quartier, 193 hab., com. de Septèmes, cant. de Gardanne.

Auge — Hameau, com. de Fontvieille (5 kil.) cant. Est d'Arles (15 kil.) — Altitude : 101 m. — Près de la limite des Baux — Vieux château converti en ferme.

Aupies (Les) — Pic, chaîne des Alpines, aux limites d'Arles, d'Aureille et d'Eyguières — Altitude : 492 m.

Aureille — Commune, 601 hab., cant. d'Eyguières (8 kil.) arrond. d'Arles (29 kil.) — Altitude: 134 m.—Au pied d'un rocher, dans les Alpines, près du chemin de gr. com. n°5 — Origine du nom : *Via Aureliana* (Voie Aurélienne) — Ancien nom : *Aurella* (1215) — Ruines du château construit par la République d'Arles (XII° s.) ; Église l'Assomption (1803) — Blé, seigle, avoine, olives, amandes, mûriers, laines, bestiaux — *Foire* : 23 avril (laines et animaux de la race ovine).

Aurengues (Les) — Hameau, com. et 6° cant. de Marseille (8 kil. 300 m.)—Altitude: 142 m.—Sur un coteau, quartier et paroisse des Olives — Origine du nom : *Aurengue*, propriétaire (1504).

Auriol — Commune, 4,692 hab., cant. de Roquevaire (3 kil. 700 m.) arrond. de Marseille (28 kil. 330 m.) — Altitude: 196 m. — Sur l'Huveaune, au pied méridional de la chaine de l'Etoile — Ancien nom : *Villa de Auriolo* (984) — Ruines du château romain ; Tour de l'Horloge (1564); Hôtel-de-ville (1814) ; Église paroissiale Saint-Pierre (1857) ; Église des Capucins (1735); Chapelle de Sainte-Croix (reconstruite en 1832) — Blé, huile, légumes verts, foin — Lignite, craie, plâtre, ciment — Ateliers de mécanique, de fil, de coton ; fabriques de papiers, de cierges, de vermicelle, de scies hydrauliques; moulins à huile, minoteries, tanneries, briquetteries — *Biographie* : Ch. Plumier (1704), François Raymond (1788) — *Foires* : 19 mars, 14 septembre, 28 octobre.

Auriol — Station du chemin de fer d'Aubagne (10 kil.) à Valdonne (7 kil.) — Altitude: 177 m. 50 c. — Distance de la ville: 1,800 m.

Auriol — Ruisseau qui se perd dans le Réal, com. d'Eygalières.

Aurons — Commune, 1213 hab., cant. de Salon

(7 kil.) arrond. d'Aix (32 kil.)— Altitude : 225 m. —
Au centre du massif du Vernègues, près du chemin
d'intérêt commun n° 4 — Sur l'emplacement de la ville
grecque ou romaine d'Aëria — Ruines du Castelas ;
Église Saint-Pierre-ès-Liens (XII° s.)—Huile d'olive,
amandes — Voir aux env.; Saint-Pierre du Canon,
ancienne maison de force tenue par les Observantins,
occupée actuellement par les Bénédictins ; Ruines du
château-fort de la Penne, près du roc de Caronte et
sur ce dernier, retranchement gaulois ou habitat
celtique.

Avocats (Les) — Hameau, 20 hab., com. d'Eguilles (2 kil.) cant. Sud d'Aix (8 kil. 500 m.) — Altitude :
167 m. — Entre la route d'Istres et le canal du Verdon (branche d'Eguilles).

Aygalades (Les) — Village, 1234 hab., com. et 4°
cant. de Marseille (6 kil. 900 m.)—Dans un vallon, sur
le ruisseau de Caravelle (rive gauche) — Origine du
nom : *Aqua lata*, eau cachée (1223) — Église paroissiale de Notre-Dame (XVII° s.): Ermitage (dans une
grotte) habité au XIII° s. par les Carmes ; Pavillon de
chasse du roi René; Château bâti par le duc de Vil-
lars (XVIII° s.); Presbytère, ancien monastère des
Carmes — Parc, ombrages, eaux, sources, site très
pittoresque — Minoteries, scieries — A visiter: Viaduc du chemin de fer.

Aygalades (Les) — Station du chemin de fer de
Marseille (7 kil.) à Avignon (114 kil.) — Altitude:
51 m. 30 c. — Distance du village : 1 kil.

Aygue-Vive — Ruisseau —A son origine dans le
Cengle, traverse la commune de Rousset et se jette
dans l'Arc — Cours : 9 kil.

B

Babol. — Hameau, 16 hab., com. de Simiane (1 kil. 500) cant. de Gardanne (5 kil.).

Bachas (Le) — Hameau, com. et 4ᵉ cant. de Marseille (3 kil. 700 m.) — Près du ruisseau de Caravelle — Origine du nom : *Bachas*, bassin. — Ruines diverses — Prairies.

Badasset. — Hameau, com. du Vernègues (3 kil. 300 m.) — Sur une montagne, à la limite d'Aurons et de Lambesc. — Bois nommé Badassez (XIIIᵉ s)

Badon. — Hameau, com. et cant. Ouest d'Arles (29 kil.) — Dans la Camargue. — Ancien nom : *Castrum Badone* (1443) — Salines importantes — Aux environs : Ruines du monastère de N.-D. d'Ulmet, de l'ordre de Citeaux (1180 à 1240).

Bagatelle — Station de Chemin de fer d'intérêt local de Tarascon (10 kil.) à Saint-Remy (5 kil.).

Baisses (Les) — Hameau, com. de Lançon (7 kil.) cant. de Salon (15 kil. 500 m.) — Altitude : 19 m. — Dans une plaine aride. — Restes du château de Calissanne. — Carrières de pierres dites de Calissanne. — A visiter : Ruines du retranchement celtique, dit mal à propos : *Constantine*.

Ballon (Le) — Hameau, 47 hab. com., de Meyreuil (1 kil. 800 m.) cant. Sud d'Aix (7 kil. 400 m.)

Baou Boumbé — Un des sommets de la chaîne de l'Etoile, com. de Saint-Savournin — Altitude : 595 m.

Baou ou **Pic de Bretagne** — Sommet de la chaîne de la Sainte-Baume dans le département.— Altitude : 1043 m.

Baou dei Fado — Un des sommets de la chaîne

de l'Etoile, com. de Saint-Savournin — Altitude ; 664 m. — Ruines d'un habitat — Grotte curieuse.

Baou dé la Saoupé — Un des sommets du chaînon de Canaille, com. de Cassis. — Altitude : 317 m.

Baou Redoun — Un des sommets du chaînon de Canaille, com. de Cassis et de la Ciotat — Altitude : 334 m. — Retranchement celtique remarquable.

Barbegal — Sur le canal de dessèchement de la vallée des Baux, com. d'Arles — Restes d'un grand aqueduc, ouvrage romain.

Barben (La) — Voir *Labarben*.

Barbentane — Com., 2,947 hab., cant. de Châteaurenard (9 kil.), arrond. d'Arles (31 kil).— Altitude : 51 m. — Sur un coteau dominant la Durance et le Rhône — Ile au Xe s. — Anciens noms : *Bellinto mutatio*. — *Ile Barban* (Xe s.) — Eglise N.-D. des Grâces (XIVe s. et XVe s.) — Au sommet de la colline : ruines du Château et belle Tour (1364); Puits de 36 m. de profondeur taillé dans le roc ; Fontaine (1320); Porte de ville la Calendrale (du XVe s.) ; Chapelles de Saint-Etienne de Mas-Liven et de Saint-André de Bagalance — Fruits, blé, pépinières — Brasserie, conserves alimentaires, fours à chaux, huileries, moulins à soie, moulins à farine, carrières de pierres. — *Foires :* 24 juin, 18 octobre (Bestiaux).

Barbentane — Station du chemin de fer de Marseille (115 kil.) à Avignon (6 kil.) — Altitude : 21 m. 80 c. — Distance du village : 3 kil.

Barcarin — Voir : *Saint-Trophime en Camargue.*

Barles (Les) — Hameau, 27 hab., com. de Ro-

quefort (6 kil.) cant. de La Ciotat (20 kil. 500 m.) —
À 1 kil. de la route départ. n° 16.

Baronnerie (La) — Hameau, 19 hab., com. de
Lamanon (3 kil.) cant. d'Eyguières (7 kil.) — Sur la
limite de Sénas.

Barque-Fuveau (La) — Station du chemin de
fer de Gardanne (7 kil.) à Trets (19 kil.) — Altitude :
220 m. 60 c.

Barque (La) — Hameau, 57 hab., com. de Fuveau (3 kil. 500 m.) cant. de Trets (13 kil. 100 m.)
— Altitude : 198 m. — Sur la route nationale
n° 96.

Barraques (Les) — Hameau, com. et cant. de
Roquevaire (4 kil.).

Barri (Le) — Hameau, 20 hab., com. de Meyrargues (5 kil.) cant. de Peyrolles (10 kil.) — Sur la
route dép. n° 2.

Bassan (Le) — Chaînon de montagnes, ramification de la grande chaîne de Sainte-Baume, formant le talus occidental des plateaux de Roussargues, de la Coutronne et du Plan-d'Aups (Var)
com. d'Auriol et de Roquevaire.

Basses-Bastides (Les) — Village, 50 hab.,
noyau de la com. de Belcodène, cant. de Roquevaire (11,958 m.) arrond. de Marseille (32 kil. 817 m.)
— Altitude : 379 m. — Église Saint-Jacques (1858)
— Blé, légumes secs — Ciment.

Bastetti — Hameau, 25 hab., com. du Tholonet (1 kil. 800 m.), cant. Sud d'Aix (4 kil.) — Sur la
route nationale n° 96.

Bastides (Les) — Hameau, 46 hab., com. du
Rove (2 kil.) cant. de Martigues (21 kil.) — Altitude : 130 m. — Près du chemin de fer d'intérêt
commun, n° 15.

Bastides (Les) — Hameau, 20 hab., com. de Saint-Estève-Janson, cant. de Lambesc.

Bastidonne (La) — Hameau, com. de la Penne (800 m.) cant, d'Aubagne (4 kil. 500 m.) — Altitude : 76 m. — Sur le chemin de grande commun. n° 2.

Batayolles—Etang, com. des Saintes-Maries (9 k.).

Baudinard — Quartier rural important, com. d'Aubagne (3 kil.) — Chapelle Notre-Dame, restaurée en 1878. — Fruits abondants, légumes frais, primeurs.

Baume Loubière (La) — Grotte profonde et curieuse, territoire de Château-Gombert (3 kil.) com. et 6ᵉ cant. de Marseille (9 kil. 200 m.) — Altitude : 258 m.

Baume Rolland (La) — Grotte, quartier de Montredon (3 kil.) com. et 5ᵉ cant. de Marseille (13 kil.)

Baume Saint-Cerf (La) — Montagne, com. d'Eyguières (3 kil. 200 m.) — Ruines.

Baume Sourne (La)—Grotte profonde et curieuse, quartier de Montredon, dans le massif de Marseilleveire, com. et 5ᵉ cant. de Marseille.

Baume Sournière (La) — Grotte très-profonde, quartier de Précatori, com. d'Allauch (5 kil.).

Baumettes (Les) — Hameau, com. de Mouriès (3 kil.) canton de Saint-Remy (12 kil. 500 m.) — — Sur le chemin d'intérêt commun n° 20. — Carrières de molasse coquillière.

Baumettes (Les) — Hameau, 60 hab., com. de Rousset (2 kil.) canton de Trets (9 kil.) — Sur la route nationale n° 7.

Baumions (Les) — Hameau, com. et 4ᵉ cant. de Marseille (8 kil. 600 m.) — Près de la route nationale n° 8. — Origine du nom : Petites Baumes.

Baux (Les) — Commune, 360 hab., cant. de Saint-Remy (9 kil.) arrond. d'Arles (20 kil.) — Altitude : 184 m. — Au centre d'un chaînon, ramification de la chaîne des Alpines — Village très-curieux sous le rapport de l'archéologie. — Origine du nom : *Baou*, (montagne rocheuse) — Ancien nom : *Balcio* (1031) — Maisons à façades élégantes des XV° et XVI° s. en partie taillées dans la molasse (calcaire marneux); Restes du château du X° s. , au-dessus du village ; Ruines de l'Eglise Sainte-Catherine; Eglise romane Saint-Vincent (des XII° et XV° s.) ; sarcophage antique et cuve baptismale du XI° s.; Stèles des *Tremaïé* ou de Caldus et des *Gaïé*, avec bas-reliefs et inscriptions très frustes — Au fond du vallon, *Grotte des Fées*, longue de 200 m. — Huiles, amandes — Carrières de pierres de taille de molasse, mines d'hydroïde de fer.

Baux (Etang des) ou Etang du Comte — A 8 kil. du village des Baux, sur la limite des com. d'Arles, du Paradou, de Maussane et de Mouriès. — Longueur de l'Est à l'Ouest : 5 kil.

Bayanne — Hameau, 28 hab., com. et cant. d'Istres (3 kil.) — Sur la route dép. n° 7. et le canal de Crapponne.

Bayon — Hameau et quartier, 110 hab. com. de Meyreuil, cant. Sud d'Aix.

Béal (Grand) — Canal d'arrosage de la com. de Marseille, tiré de l'Huveaune et y revenant ; arrose une grande partie des propriétés sises sur les bords de la rivière, depuis la Reynarde jusqu'à Saint-Giniez, et met en mouvement une quinzaine de moulins et d'usines — Cours : 12 kil.

Béal d'Aubagne — Connu sous les noms de Canal des Moulins et de Canal de Baudinard, commençant au Pont de l'Etoile et finissant dans le territoire de la Penne qu'il arrose en partie, après avoir fécondé divers quartiers d'Aubagne et alimenté plusieurs usines — Cours : 12 kil.

Beauduc — Hameau, com. et cant. Ouest d'Arles (45 kil.) — Dans la Camargue—A 2 kil. 500 m. de la rive droite du vieux Rhône — Etang, saline.

Beaulieu — Château moderne, com. de Rognes (5 kil.), canton de Lambesc (12 kil.) — Dans la Trévaresse, près de l'emplacement supposé du volcan éteint ou soulèvement dit de Beaulieu (Altitude : 403 m.).

Beaumouilles (Les)— Hameau, com. de Fuveau (1 kil. 500 m.) cant. de Trets (9 kil. 500 m.)—A 1 kil. 500 m. de l'Arc.

Beaurecueil — Commune, 318 hab., cant. de Trets (19 kil.) arrond. d'Aix (9 kil.)— Altitude : 350 m.— Sur le versant occidental du Cengle — Eglise Notre-Dame (1756) —Colonie agricole de jeunes détenus — Seigle, huile, fruits— Huilerie, carrière de marbre brocatille.

Beauregard — Un des sommets de la Montagnette, com. de Barbentane — Altitude : 60 m.

Beauvezet — Ferme, com. de Lamanon (2 kil. 900 m.) cant. d'Eyguières (4 kil.)— Dans une plaine, au pied des premiers contreforts des Alpines, au Nord — Ancienne propriété des chanoines de Saint-Ruff d'Avignon — *Bellovidere* (1333) — Tour engagée (XVI° s.)

Beaux-Louis (Les) — Hameau attenant aux Logis, com. du Rove (1 kil. 200 m.), canton de Martigues (20 kil.) — Dans un vallon peu fertile, sur la route d'intérêt commun n° 15.

Bec-de-l'Aigle (Le) —Promontoire, en avant du port de La Ciotat — Altitude : 155 m.

Bède (La)— Hameau, 152 hab., com. de Jouques

(1 kil. 500 m.) cant. de Peyrolles (5 kil. 700 m.) — A 2 kil. de la rive gauche de la Durance.

Bédelin — Hameau, 25 hab., com. de Peypin (2 kil. 500 m.) cant. de Roquevaire (9 kil. 400 m.) — A 200 m. de la route nationale n° 8 *bis*.

Bédoule (La) — Hameau important, 206 hab., com. de Roquefort (2 kil. 700 m.) cant. de La Ciotat (10 kil.) — Altitude : 230 m. — Dans une plaine élevée — Grandes fabriques de ciment et de chaux hydraulique.

Bédoule (La) — Hameau et quartier, 173 hab., com. de Septèmes (1 kil.) cant. de Gardanne (17 kil.) — Dans un vallon, sur l'ancienne route d'Aix.

Bégude (La) — Hameau, com. et 6e cant. de Marseille (7 kil.) — Sur la route nationale n° 8 *bis* — Origine du nom : *Bégudo* (provençal) buvette, puis, bureau de perception sur les liquides.

Bégude (La) — Hameau, com. de Rousset (1 kil. 200 m.) cant. de Trets (7 kil. 800 m.) — Altitude : 251 m. — Sur la route nationale n° 7.

Bel-Air — Hameau, 16 hab., com. de Labarben (2 kil.) cant. de Salon (7 kil.) — Sur la route dép. n° 14.

Belcodène — Commune, 210 hab., cant. de Roquevaire (11 kil. 958 m.) arrond. de Marseille (32 kil. 800 m.) — Les deux agglomérations sont : les *Basses-Bastides* où se trouvent l'Hôtel-de-Ville et l'Église Saint-Jacques-le-Mineur, et les *Hautes-Bastides*. (Voyez ces noms) — Blé, légumes secs, bois — Ciment, carrières de grès — Ruines du Castellas, insignifiantes (413 m.) — Chapelle Saint-Jacques.

Belle-de-Mai (La) — Faubourg, com. et 4e cant. de Marseille (2 kil. 600 m.) — Ancien nom :

Vinea belle de May (1369) — Raffineries, tanneries, fab. de bougies, fonderies, etc.

Belle-Vue — Hameau, com. et 4ᵉ cant. de Marseille (4 kil. 800 m.) — Minoteries — Site pittoresque.

Belle-Vue — Faubourg, com. et 4ᵉ cant. de Marseille (3 kil. 100 m.) — Rattaché à la Belle-de-Mai.

Bellons (Les) — Hameau, 12 hab., com. d'Allauch (2 kil. 500 m.) 6ᵉ cant. de Marseille (13 kil. 300 m.) — Près de la limite, du côté de la Treille — Origine du nom : Bellon, propriétaire.

Belly — Hameau , com. de Rognonas (900 m.) cant. de Châteaurenard (4 kil. 500 m.) — Dans la plaine.

Béluque (La) — Roubine, dans la Camargue . com. d'Arles.

Berre — Canton , 6 communes ; 17.586 hect. : 7,271 hab. — Berre — La Fare — Rognac — Velaux — Ventabren — Vitrolles.

Berre — Commune, 2,036 hab., ch.-l. de cant. de l'arr. d'Aix (21 kil.) — Altitude, : 2 m. — Sur les bords du vaste étang auquel elle donne son nom — Anciennes dénominations : *Catarusea* (1041), *Berra* (1057) — Restes de remparts; Eglise parois. l'Assomption (XIIᵉ s. et suiv.)—Blé, joncs de marais — Salines importantes; fab. de produits chimiques, fab. de chapeaux ; huileries, minoterie — *Foire* : 22 avril — Aux env. Ermitage de N.-D. de Caderot (Caderosco) ; Ruines romaines à Moran.

Berre — Station du chemin de fer de Marseille (34 kil.) à Avignon (87 kil.) — Altitude : 17 m. 40 c. —Distance du village : 3 kil.

Berre (Etang de) — Sorte de mer intérieure de

15,000 hect. de superficie, enclavée dans les cant. d'Istres, de Berre et de Martigues ; long. 22 kil., larg. de 6 à 14 kil., prof. variant de 1 m. à 10 m., circonfér. 72 kil. — Les terrains bas qui l'entourent sont presque partout convertis en salines et les coteaux sont chargés d'oliviers, d'amandiers (et de vignes). La communication avec la mer a lieu par les canaux de Martigues, le canal de grande navigation de Bouc à Martigues, l'étang de Caronte et le chenal ou entrée du port de Bouc.

L'étang de Berre formera une rade magnifique, sûre et d'un facile accès, non seulement pour les navires de commerce, mais encore pour les vaisseaux de guerre, le jour où l'on aura songé à approfondir quelques passes.

Bessons (Les) — Hameau, com. et 4ᵉ cant. de Marseille (7 kil. 600 m.) — Altitude : 145 m. — Origine du nom : *Besson*, propriétaire — A visiter : La Pierre de sainte Marthe, restes d'un oratoire élevé au centre d'un cimetière romain.

Béthune — Hameau, 162 hab., com. de Gréasque (3 kil.), cant. de Roquevaire (11 kil.)— Sur la limite de Peypin — Construit en 1872, et connu sous le nom de *Tubé*.

Blancarde (La) — Village, 3,431 hab., com. et 4ᵉ cant. de Marseille (2 kil. 400 m.) — Sur le Jarret. — Origine du nom : *Blancard*, propriétaire — Eglise Saint-Calixte (Voir Saint-Naphre); Monastère de la Visitation.

Blancarde (La) — Station du chemin de fer de Marseille (6 kil) à Toulon (61 kil.) — Altitude : 49 m. 80 c. — Bifurcation de l'embranchement du Prado — Distance du village : 800 m.

Blaquières — Hameau, com. et cant. de Châteaurenard — Ancien nom : *Blaquet* (XIIIᵉ s.).

Blazot — Hameau, com. et cant. de Salon (1 kil. 100 m.) — Sur le canal des Alpines.

Boisleaux (Les) ou *Buou l'Aïgo* — Hameau, com. d'Allauch (1 kil. 400 m.) 6ᵉ cant. de Marseille. (9 kil. 600 m.) — Sur le canal de Marseille.

Boismeaux — Hameau, com. et cant. des Saintes-Maries (10 kil.) — Ancien nom : *Boscus malus* (1186) — Prieuré de Saint-Étienne.

Bolmon — Étang, enclavé dans les territoires de Berre, de Marignane et de Châteauneuf-les-Martigues — Long. 4,370 m., larg. max. 1,730 m. — Communicant avec l'étang de Berre par plusieurs ouvertures faites au Jay, cordon littoral allant du N.-E. au S.-O. connu sous le nom de *Chaussée de Marius.* — Chasse aux macreuses.

Bonfilhons (Les) — Hameau, 36 hab., com. de Saint-Marc (1 kil. 200 m.) canton Nord d'Aix (7 kil) — Sur la route dép. nº 13.

Bonfils — Hameau, 37 hab., com. de Ventabren (500 m.) cant. de Berre (14 kil.).

Boniface — Étang, dans la Camarguette, com. des Saintes-Maries.

Bonnes-Nouvelles — Chapelle (1650), com, et cant. d'Aubagne (2 kil. 100 m.) — Dans les Paluds.

Bonnets (Les) — Hameau , com. et 4ᵉ cant. de Marseille (5 kil. 500 m.), près de la Rose — Origine du nom : *Bonnet*, propriétaire.

Bonneval — Château moderne et moulin, 41 hab. com. de Charleval (1 kil. 800 m.) — Sur les bords du canal de Crapponne — Ombrages, prairies.

Bonneveine — Village, 935 hab. com. et 5ᵉ arrond. de Marseille (5 kil.) — A peu de distance de la plage du Prado — Origine du nom : *Buou de Veine* (béal de l'Huveaune) — Église Notre-Dame-des-Neiges (1833) — *Biographie* : Constantin (1844) — Foin, légumes verts, primeurs.

Bonpas — Pont sur la Durance, donnant passage à la route nationale n° 7 — Longueur d'une culée à l'autre : 650 m. — Composé de 46 travées de bois de mélèze — Situé à 2 kil. de Noves, cant. de Château-renard.

Bon-Rencontre — Hameau, com. d'Allauch (2 kil.) 6e cant. de Marseille (10 kil. 400 m.) — Sur les bords de la route nationale n° 8 *bis*.

Bonsoy — Hameau, 22 hab., com. de Lançon (3 kil.) cant. de Salon (9 kil.) — Près de Saint-Symphorien.

Boou (La) — Hameau, agglomération principale du village de Labarben, cant. de Salon (10 kil.) — Connue sous le nom de *Ferme*.

Bosq (Les) — Hameau, com. d'Auriol, cant. de Roquevaire (7 kil.).

Bouc — Commune, 1,062 hab., cant. de Gardanne (6 kil. 200 m.) arrond. d'Aix (10 kil.) — Altitude 260 m. — Sur une colline, dans une plaine accidentée, près de la route nationale n° 8 — Anciens noms : *Castrum de Buco* (bouche, passage); *Albertas* (du nom de cette famille) (1767) — Église Saint-André ; Château moderne des Albertas; — Eaux, parc — Huile, légumes secs et verts, maïs, foin.

Bouc-la-Malle — Station du chemin de fer de Marseille (15 kil.) à Pertuis (50 kil.) — Altitude : 225 m. 30 c. — Distance de Bouc : 4 kil.

Boudin (Le) — Étang, com. des Saintes-Maries.

Bougon — Hameau, 27 hab., com. de Meyrargues (5 kil.) canton de Peyrolles (10 kil.) — Sur le ruisseau de Vauclaire, près de la route dép. n° 2.

Bouire (La) — Roubine d'irrigation, dans la

Camargue, com. d'Arles — Prend l'eau au Rhône, à 2 kil. au Sud d'Arles et parcourt 15 kil. le long de Valcarès.

Bouilladisse (La) — Hameau, 500 hab., com. d'Auriol (6 kil.) cant. de Roquevaire (6 kil.) — Sur la route nationale n° 96 — (Eglise paroissiale à la Bourine) — Village nouveau — Origine du nom : *Source bouillonnante* — Fabrique de produits chimiques.

Bouilladisse (La) — Station du chemin de fer d'Aubagne (14 kil.) à Valdonne (3 kil.) — Altitude : 219 m. 50 c.

Bouillidous (Les) — Source, quartier de Saint-Antoine, com. de Marseille (9 kil.). — Sur la route départementale n° 1.

Bouisses (Les) — Hameau, com. de Boulbon (2 kil. 800 m.) cant. de Tarascon (10 kil.) — Dans la plaine, sur la limite de Barbentane.

Boulbon — Commune, 121 hab., cant. de Tarascon (8 kil. 500 m.), arrond. d'Arles (25 kil.) — Altitude : 48 m. — Au pied de la Montagnette — Ancien nom : *Bolbo* (1094) — Vieux village et château en ruine — Eglise Saint-Joseph (1400) ; Ancien prieuré connu sous le nom de chapelle Saint-Marcelin où l'on voit une magnifique mausolée et le portrait de Jean XXII. — Blé, garance, mûriers, primeurs en fruits et en légumes — Moulin à huile — A visiter : le Pavillon et sa galerie de tableaux.

Boulin (Le) — Étang, com. des Saintes-Maries (10 kil.).

Bounins (Les) — Hameau, 24 hab., com. de Lançon (6 kil. 700 m.) cant. de Salon (15 kil.) — Près du hameau des Baisses.

Bouquet — Hameau, 12 hab., com. de Gignac, cant. de Martigues.

Bouquet — Hameau, 32 hab., com. de Saint-

Antonin (1 kil. 500 m.) cant. de Trets (22 kil.) — Sur le versant septentr. de la chaîne du Cengle.

Bourbourel (Le Petit) — Roubine alimentée par le torrent de Boutière, se jette dans la roubine de Labeau, com. de Maillane — Cours : 950 m.

Bourdigue (La) — Hameau, 41 hab., com. de Marignane (5 kil.) cant. de Martigues (11 kil.) — Sur le Jay, entre l'étang de Vaine et l'étang de Bolmon.

Bourdonnière (La) — Village, 32 hab., com. d'Allauch (2 kil. 500 m.) 6ᵉ cant. de Marseille (12 kil.) — Altitude du Logis : 120 m. 80 c. — Dans un vallon étroit sur la route nationale n° 8 *bis* — Ancien nom : *Bordoneria* (1304) — Eglise Saint-Laurent (1847).

Bourelly (Les) — Hameau, com. et 4ᵉ cant. de Marseille (10 kil. 200 m.) — Près de la route nationale n° 8 — Origine du nom : *Bourelly*, propriétaire — Site agreste.

Bourrilly (Les) — Hameau, 25 hab., com. et cant. de Trets (4 kil. 500 m.) — Altitude : 443 m.

Bourine (La) — Village, centre de la section de la Bouilladisse, com. d'Auriol (5 kil.) cant. de Roquevaire (6 kil.) — Origine du nom : *Le Borine*, ruisseau — Eglise Saint-Laurent (1781) — Blé, légumes secs — Résine.

Bouscaron — Hameau, com. de Mollégès, cant. d'Orgon.

Boutonnet — Hameau, com. de Maussane (3 kil. 800 m.) cant. de Saint-Remy (12 kil. 500 m.) — Dans un vallon, près de la limite de Mouriès — Moulin à huile.

Boyers (Les) — Hameau, 95 hab., com. d'Auriol (5 kil. 500 m.) cant de Roquevaire (6 kil.) — Altitude : 266 m. — Origine du nom : *Boyer*, propriétaire.

Bramejean — Hameau, 68 hab., com. de Malemort (4 kil.) cant. d'Eyguières (17 kil.) — A 500 m. de la Durance.

Bras de Fer ou **Canal du Japon** — Canal d'irrigation et de dessèchement, Basse-Camargue, com. d'Arles (37 kil.) — Cours : 7 kil.

Brasenvert — Etang, com. des Saintes-Maries (9 kil.).

Brassières — Roubine, com. de Barbentane — Cours : 2,200 m.

Bremonds (Les) — Hameau, 45 hab., com. de Vitrolles, cant. de Berre.

Bretonne — Roubine, dans la Crau, com. d'Arles (23 kil.).

Breuil — Roubine de vidange, com. de Graveson — Se jette dans la roubine Faubourguette — Cours : 11,260 m.

Brinquironne (La) — Hameau, quart. d'Eoures, com. et 6e cant. de Marseille (13 kil. 500 m.) — Primeurs.

Broquettiers (Les) — Hameau, com. et cant. de Salon (2 kil.) — A 500 m. du canal des Alpines.

Brusq (Le) — Hameau, com. des Pennes (1 kil. 500 m.) cant. de Gardanne (14 kil.) — Sur un coteau, près de la route départ. n° 14.

Bruyère (La) — Hameau, com. de Barbentane, cant. de Châteaurenard.

Butris (Les) — Hameau, com. et 6e cant. de Marseille (6 kil. 500 m.) — Ancien nom : *Béatrix* (XVIIIe s.) — Au pied d'un coteau.

C

Caban (Le Grand et le Petit) — Étangs, dans le Plan-du-Bourg, com. d'Arles (40 kil.)

Cabanes du Levant (Les) — Petit hameau de pêcheurs, 20 hab., com. de Fos (6 kil.) cant. d'Istres (16 kil.) — A l'embouchure de l'étang du Galéjon dans la mer.

Cabannes — Commune, 1,509 hab., cant. d'Orgon (13 kil.) arrond. d'Arles (47 kil.) — Altitude : 50 m. — Dans une plaine, à 2 kil. de la Durance — Ancien nom : *Locus de Cabanis* (1034) — Château ruiné ; Chapelle Saint-Michel ; Chapelle N.-D. du Rosaire, attribuée aux Templiers ; Église Sainte-Marie-Madeleine (1600) — Céréales, foin, garance, pépinières — Fours à chaux, dévidage de soies, trituration de tourteaux, fabr. de garance — *Foire* : 22 juillet.

Cabassol — Hameau, com. de Vauvenargues (1 kil. 500 m.) cant. Nord d'Aix (11 kil. 500 m.) — Dans un vallon, sur le ruisseau l'Infernet.

Cabassols (Les) — Hameau, com. de Venelles (900 m.) cant. Nord d'Aix (6 kil.) — Sur un coteau, près de la route nationale n° 96.

Cabot (Le) — Hameau, com. et 5ᵉ cant. de Marseille (5 kil. 500 m.) — Sur la route de Cassis — Origine du nom : *Cab*, cabaret — Belles villas ; Chapelle de Saint-Joseph (1876) au sommet d'une colline (Altitude : 125 m.) — Monastère de N.-D. de Charité.

Cabre (La) — Montagne, sur la limite d'Alleins, de Sénas et de Malemort — Origine du nom : *Cabre d'Or* (trésor recherché par tous les paysans en Provence).

Cabriès — Commune, 965 hab., cant. de Gardanne (7 kil.) arrond. d'Aix (13 kil.) — Altitude : 260 m. —

Sur un mamelon élevé et aride — Château de diverses époques et notamment du XVIIe s.; Portes et remparts; Église de la Nativité (XIIe s. et suiv.) — Blé, légumes verts, melons — Site très pittoresque — Voir aussi: *Callas.*

Cabucelle (La) ou *Saint-Trophime* — Faubourg, com. et 4e cant. de Marseille (4 kil. 200 m.) — Sur la route d'Aix — Origine du nom : *Cabessel*, propriétaire — Raffinerie de sucre, usines diverses — Église Saint-Trophime (1869).

Cadarache — Hameau, com. de Saint-Paul-les-Durance (5 kil.) cant. de Peyrolles (17 kil.) — Château-fort du commencement du XVe s. sur un rocher, au confluent de la Durance et du Verdon.

Cadeneaux (Les) et les **Bas-Cadeneaux** — Village, 553 hab., com. des Pennes (4 kil. 500 m.) cant. de Gardanne (15 kil.) — Sur la route dép. n. 1 de Marseille à Arles, par Salon — Origine du nom : Jean, Jacques, Guilhem et Antoine Cadenels, propriétaires (1530) — Elsias Cadeneau (1415) — Église l'Assomption (1700).

Cadenet — Pont suspendu sur la Durance, donnant passage à la route départementale n° 11 d'Aix à Cadenet, construit de 1836 à 1838.

Cadenières (Les) — Hameau, com. et cant. d'Orgon (3 kil. 200 m.) — Anciennement *Valdition* — Sur les débris d'une villa romaine.

Caderoux — Hameau, 21 hab.. com. de Belcodène (500 m.) cant. de Roquevaire (12 kil. 300 m.) — Primitivement : *Roux* et successivement *Les Roux, Enco de Roux, Co de Roux, Caderoux.*

Cadets (Les) — Hameau, com. d'Allauch (1 kil. 500 m.) 6e cant. de Marseille — Sur le chemin de gr. com. n° 11.

Cadets (Les) — Hameau, com. d'Auriol (5 kil.)

cant. de Roquevaire (9 kil.) — Près de la Bourine.

Cadière (La) ou **Grand-Vallat** — Rivière, coulant de l'Est à l'Ouest — A sa source dans la terre de Montvallon, com. de Vitrolles, traverse Saint-Victoret et Marignane et se jette dans l'étang de Bolmon — Cours 12 kil.

Cadillan — Hameau, com. de Graveson (2 kil. 500 m.) cant. de Chateaurenard (10 kil.) — Près de la station de Graveson — Ancien nom : *Ecclesia Cadillana* (899) — Vieille chapelle romane Saint-Amand — Débris romains.

Cadolive — Village, com. de Saint-Savournin — Voyez : *Codolive*.

Caillols (Les) — Village, 438 hab., com. et 6ᵉ cant. de Marseille (6 kil. 400 m.) — Dans le vallon de Saint-Julien — Origine du nom : Pierre et Thomas *Caillol*, propriétaires (1486) — Eglise Sainte-Anne (1663) — Foin, légumes.

Caires (Les) — Hameau, 82 hab., com. de Rognes (3 kil. 500 m.) cant. de Lambesc (5 kil. 500 m.) — Au pied méridional des Côtes.

Caires (Les) — Hameau, 21 hab., com. de Labarben (1 kil. 500 m.) cant. de Salon (7 kil.) — A 300 m. de la Touloubre.

Calade (La) — Station du chemin de fer de Marseille (37 kil.), à Pertuis (24 kil.) — Altitude : 273 m.

Calade (La Grande et la Petite) — Hameau, com. et cant. Sud d'Aix (9 kil.) — Sur la route nat. nᵒ 7 — Ancien nom : *Les Gervais* — Origine du nom : Château de la famille de la *Calade* — Nota. Le mot de *Calade* est souvent donné aux fractions de routes pavées depuis longtemps.

Calade (La) — Hameau, com. et 4ᵉ cant. de

Marseille (5 kil. 900 m.) — Sur le bord de la mer — Maison de campagne de l'Évêque.

Calade (La) — Hameau, com. de Meyrargues, cant. de Tarascon.

Calan (Le) — Hameau, 53 hab., com. de Maussane (2 mil. 500 m.) cant. de Saint-Remy (8 kil.) — Moulin à huile.

Calan (Le) — Canal de dessèchement, com. do Maussane — Long. 1,800 m.

Calelongue — Anse (calanque), com. et 5ᵉ cant. de Marseille. — Au pied méridional de Marseilleveire, au-dessous de Saint-Michel-d'Eau-Douce — Voir ce mot.

Calès ou **Calai** — Montagne, au-dessus de La-manon (500 m.) cant. d'Eyguières (5 kil.) — Au sommet, double vallon entouré de rochers dans lesquels se trouvent des excavations agrandies de main d'homme, qui ont été habitées à diverses époques — Ces vallons portent les noms de *Grand* et de *Petit Calès* et sont séparés par un rocher supportant les ruines du *Castrum Allamanone* (XIIIᵉ s.) — Chapelle de Saint-Denis, du XIIᵉ s., dans un vallon sur le versant Nord de la montagne. — Site très pittoresque et fort curieux sous le rapport de l'archéologie.

Caleseragne ou **Plane** — Ilot, près de Riou, en face de la Grande-Côte.

Calissanne — Village et château en ruine, com. de Lançon (6 kil.) cant. de Salon (12 kil.) — Sur le versant méridional du prolongement de la chaîne d'Eguilles — Ancien nom : *Domus Calissane* (1266) — Carrières de pierres (calcaire oolitique) — Voir : *Les Baisses.*

Callas — Village, 285 hab., com. de Cabriès (3 kil.) cant. de Gardanne (12 kil.) — Au fond d'un. vallon, sur l'ancienne voie romaine et près des ruines de *Calcaria* — Séparé de Trébillane par un coteau. (Voir ce mot) — Ancienne chapelle du V* s., modifiée récemment et convertie en chapelle de congrégation —Belle église (style grec) l'Assomption (1869) — Légumes verts, melons, betteraves. — Visiter aux environs : le Bassin de Réaltort. (Voir ce mot).

Camargue (La) — Delta, en aval d'Arles, formé par les deux branches principales du Rhône, 75,100 hect., divisé en huit sections : Corrége, Albaron, Montlong et Crau de Mar, Petite Montlong, Méjanes, Grande Camargue et île du Plan-du-Bourg — Le point le plus élevé se trouve sur la route de Trinquetaille à Fourque, à l'altitude de 4 m. 92 cent. — On compte dans la Camargue : 501 maisons, 532 ménages et 2,682 hab. — Ancien nom : *Camarjia* (VI* s.) —Céréales hâtives, roseaux, joncs; moutons, bœufs et chevaux — Salines et pêcheries importantes.

Camarguette (La) — Delta formé par le Petit-Rhône et un ancien Rhône mort; 9050 hect. —Joncs, salins, pêcheries — Taureaux sauvages.

Camarin — Com. de Mollégès, cant. d'Orgon — Ruines d'aqueducs antiques et de constructions romaines.

Camas — Quartier de Marseille — Ancien nom : *Campus Martius* (XI* s.)

Camoins (Les) — Village, 390 hab., com. et 6e cant. de Marseille (12 kil. 600 m.) — Altitude : 122 m. — Origine du nom : *Camoin*, ancien frère dominicain, propriétaire — Église Sainte-Agathe 1756).

Camoins-les-Bains — Établissement de bains, com. et 6e cant. de Marseille (12 kil. 700 m.) — Eaux sulfureuses — Site frais et gracieux.

Campane (La) — Hameau, com. de Sénas (2 kil.)

cant. d'Orgon (4 kil.) — Entre le canal des Alpines et le canal de Sénas.

Camp-Major — Station du chemin de fer de Marseille (15 kil.) à Toulon (52 kil.) — Altitude : 92 m. 40 c. — Distance d'Aubagne : 2 kil. 400 m. — Ancien nom du quartier : *Campus Major*, le grand champ (1014) — Foin, fruits.

Campredon — Hameau, com. de Mezoargues (1 kil. 500 m.) cant. de Tarascon (9 kil.) — A 1 kil. du Rhône — Château ruiné — Ancien canal de dessèchement (XIV⁰ s.).

Canaille — Montagne de la chaîne de Roquefort, com. de Cassis — Sur le bord de la mer — Origine du nom : *Canalis*, canal — Altitude : 416 m.

Canal (Le) — Quartier de Port-de-Bouc, sur le chenal du canal d'Arles. — Terme employé pour désigner le village lui-même. (Voir *Port-de-Bouc*.)

Canal de navigation d'Arles à Bouc — Allant du Rhône, au-dessous de la ville d'Arles, à la rade de Port-de-Bouc, cant. de Martigues — Long. : 47 kil., 447 m., larg. à la flottaison : 32 m. 30 c., tirant : 2 m. 20 c. — Commencé en 1802, terminé en 1834.

Canal de navigation de Saint-Louis à la mer — Allant du Rhône, au pied de la Tour Saint-Louis, com. d'Arles (42 kil.) à l'anse du Repos, golfe de Fos, com. de Fos (14 kil.) — Long. : 3,500 m., larg. : 60 m., prof. : 6 m. 50 c. — Avant-port de 100 hect. de superficie.

Canal de grande navigation de Bouc à Martigues — Terminé en 1863. — Allant de la rade de Port-de-Bouc à l'Étang de Berre, quartier de Ferrière — Long. : 5 kil., prof. : 6 m., larg. au plafond : 15 m., à la flottaison : 27 m. — Il est bordé au nord par une chaussée en terre de 12 m. de larg.

Canal d'Aubagne — Dérivé du canal de Marseille, près d'Eoures (com. de Marseille), décrit de nombreuses courbes dans les communes d'Aubagne, de Gémenos et de la Penne, alimente la ville d'Aubagne et desservira un jour la Ciotat et Cassis.

Canal de Baudinard — Com. d'Aubagne — Voir : *Béal d'Aubagne.*

Canal de Boisgelin — Débit 17 m. cubes — A sa prise à la Durance, sous Malemort, donne naissance au canal des Alpines, au Pont Donneau, et continuant, sous le nom de Boisgelin ou de branche septentrionale des Alpines, arrose Sénas, Orgon, Eygalières, Mollégès, Saint-Remy, Mas-Blanc et Tarascon. Des branches secondaires arrosent aussi Verquières, Noves, Eyragues, Chateaurenard, Barbentane, Rognonas et Graveson.

Canal de Cabannes — Débit 500 litres — Dérivé de la Durance, près du village, arrose 300 hect. des communes de Cabannes et de Noves, sur un parcours de 6 kil.

Canal de Cadarache — Débit 900 litres — A sa prise à la Durance, sous les rochers du domaine de Cadarache, com. de Saint-Paul ; arrose 160 hect.

Canal de Chateaurenard — Débit 1 m. 50 cube par seconde — A sa prise à la Durance, derrière les rochers du Puech, com. de Noves, et arrose 1,200 hect. de la com. de Chateaurenard.

Canal de Crapponne — Débit 11 m. cubes — Prend ses eaux à la Durance, sous Gontard, com. de la Roque d'Anthéron et se divise en deux branches : celle d'Arles et celle de Salon, dont le développement, non compris les rigoles secondaires, est de 145,582 m. — La branche d'Arles qui commence à Lamanon et finit à Arles a une larg. de 5 m. une profondeur de 1 m. et une vitesse de 1 m. 60 c.—Commencé en 1554 il fut terminé en 1569.

Canal de Marseille — Débit 9 m. cubes — Tiré de la Durance — Commencement des travaux, 15 Novembre 1839, arrivée des eaux à Marseille: 19 Octobre 1849 — Prise au pont de Pertuis, à l'altitude de 187 m. 24 c. — Longe les chaînes de la Trévaresse et des Côtes, passe sous ce dernier chaînon, parvient dans la vallée de la Touloubre, perce une ramification de Sainte-Victoire, traverse les bois de Labarben, longe les coteaux de Coudoux, parvient à Roquefavour dont il franchit le défilé, remplit le réservoir de Réaltort, traverse la montagne de l'Etoile, au moyen des deux souterains de l'Assassin et de Notre-Dame, et parvenu sur le territoire de Marseille, se subdivise en quatre dérivations principales. —Long. du canal d'amené: 84,300 m.; long. du canal-mère ou distributeur: 38,000 m.; long. des quatre gr. dériv.: 32,000 m.; long. des rigoles: 220,000 m. — Quantité d'eau introduite officielle: 5 m. 30 cent. cubes.

Canal de Martigues — A sa prise au canal des Alpines, quartier des Trigances, com. d'Istres, se bifurque sur le plateau de Castillon, com. de Fos, et aboutit d'un côté à Martigues et de l'autre à Port-de-Bouc.

Canal de Noves — Canal d'arrosage et de dessèchement, com. de Noves — Long.: 4,500 m.; arrose 253 hect. et en dessèche 273.

Canal de Peyrolles — Débit 2 m. cubes — Dérivé de la Durance, à 2,503 m. au-dessus de Peyrolles et au-dessous du pont de Mirabeau—Long. 1,000 m. — Arrose 150 hect. des communes de Peyrolles, Meyrargues, Puy-Sainte-Réparade et Saint-Estève-Janson.

Canal des Alpines — Débit 17 m. cubes — Suite du canal de Boisgelin, il se divise, à 1,683 m. de son origine, au Pont-Douneau, en deux branches. La branche septentrionale qui appartient à une compagnie, arrose les com. d'Orgon, Eygalières, Saint-Remy, Tarascon, Sénas, Mollégès, Saint-Audiol, Verquières, Cabannes, Noves, Chateaurenard, Eyragues, Maillane, Graveson et Mas-Blanc. La branche méridionale, propriété de l'État, arrose les communes de Saint-Chamas, Istres, Grans, Eyguières, Miramas, Salon et Lamanon.

Canal de Saint-Andiol — Prend ses eaux à la Durance par le *Trou Turquet*, tunnel romain, arrose Orgon, Saint-Andiol et Noves et revient à la Durance — Cours : 17 kilog.

Canal de Sénas — Débit 1 m. cube — A sa prise à la Durance, à 5 kil. en amont de Sénas (Malespine), et arrose 500 hect. sur les territoires de Sénas et d'Orgon.

Canal des Moulins — Béal, alimenté par 7 écluses ou barrages faits à l'Huveaune, com. de Roquevaire.

Canal des Moulins — Com. d'Aubagne — Voir : *Béal d'Aubagne.*

Canal du Puy-Sainte-Réparade — Débit 500 litres cubes — A sa prise à la Durance, en amont du Canal de Pertuis et revient à la rivière, à 1,500 m. en aval du Puy — Arrose 50 hect. et fait mouvoir un moulin.

Canal du Moulin de Redon — Béal tiré de l'Huveaune à laquelle il revient, com. d'Auriol. — Cours : 4,500 m.

Canal du Verdon ou d'Aix — Créé pour irriguer et alimenter les territoires d'Aix et des communes environnantes, a sa prise à la rivière du Verdon, près de Quinson (Basses-Alpes) — La branche-mère à 82,075 m. de long. et les 8 dérivations principales, ensemble 75,759 m. — 5 autres petites branches fertilisent en grande partie Aix, Saint-Cannat, Lambesc, Rognes, Eguilles et Le Tholonet. Le fonctionnement a commencé en 1875 ; les travaux avaient été entrepris en 1863.

Canalet de la Vidange — Canal de dessèchement, com. d'Arles. — Cours : 7,135 m.

Canet (Le) — Village, 562 hab., com. et 4ᵉ cant. de Marseille (4 kil. 300 m.)—Nom véritable : *Cannet* — Etymologies possibles : *Kainos* (grec) fleuve, ruisseau ; *Canna*, roseau — Ancien nom : *Canneto* (XIᵉ s.) — Eglise Notre-Dame (1837); tableau et épitaphe — Usines diverses.

Canet (Le) — Station du chemin de fer de Marseille (5 kil.) à Avignon (116 kil.) — Altitude : 50 m. 20 c. — Distance du village : 1,100 m.

Canet (Le)—Hameau, com. de Meyreuil (2 kil.), cant. Sud d'Aix (7 kil. 600 m.) — A la rencontre de la route nat. nᵒ 7 et de la route nat. nᵒ 96.

Canoubier (Le) — Écueil, surmonté d'une tour, dans la rade de Marseille (600 m. de la Pointe de Malmousque).

Canounges (Les) — Hameau, com. et cant. Est d'Arles (11 kil.) — Au milieu de l'étang des Chanoines, à 4 kil. de Raphèle.

Caoume ou **La Chaume** — Cime de la chaîne de Saint-Remy (Alpines) — Altitude : 386 m. — Superbe point de vue.

Capeau — Hameau, 48 hab. com. de Gignac (1 kil. 300 m.) cant. des Martigues (17 kil. 300 m.)— Sur la route dép. nᵒ 12.

Capelette (La) — Village, 2,067 hab., com. et 5ᵉ cant. de Marseille (2 kil. 900 m.)—Sur la route nationale nᵒ 8 (de Toulon) — Altitude : 21 m. 80 c. Ancien nom : *Canissat* — Origine du nom : *Pe-*

tite *Chapelle* de Saint-Laurent (1153) — Jolie église moderne *Saint-Laurent* (1850) — Quartier industriel important, forges, moulins à blé et à huile, savonneries, produits chimiques, etc.

Caporal (Le) — Hameau, 10 hab.; com. de la Destrousse, cant. de Roquevaire.

Cappeau ou **Lavalduc** — Voir *Lavalduc*, hameau.

Capucins (Les) — Iles de la Durance, com. de Sénas et d'Orgon.

Caranques (Les) — Montagne, ramification de la Chaîne de Sainte-Victoire — Altitude : 604 m.

Caravelle (Le) ou *Ruisseau de Car* ou *des Aygalades* — Petite rivière ; commence dans les montagnes de Simiane, traverse la com. de Septèmes, passe à Saint-Antoine, aux Aygalades, aux Crottes et se jette dans la mer, près d'Arenc, com. de Marseille. — Cours : 13,800 m.

Carcasse (La) — Ruisseau ; se forme dans la montagne de Féline, passe entre l'Eglise-Vieille et Puy-Sainte-Réparade, franchit le canal de Marseille et se jette dans la Durance.

Cardeline (La) — Hameau, 40 hab., com. de Chateauneuf-le-Rouge (2 kil.) cant. de Trets (14 kil.). — Altitude : 325 m. — A 1 kil. de la route nationale n° 7.

Carias (Le) — Ruisseau — Se forme un peu au-dessus du Puy-Sainte-Réparade et se jette dans la Durance.

Carlats (Les) — Hameau, com. du Vernègues (4 kil.) cant. d'Eyguières (18 kil.) — Sur la route nationale n° 7.

Carnoux — Hameau, 22 hab., com. de Roquefort (6 kil.) cant. de La Ciotat (13 kil.) — Altitude :

300 m. — Ancien prieuré et chapelle délabrés — Ancien nom : *Carnoz* (1113).

Caronte — Étang, compris entre la ville de Martigues, au Nord-Est, et la rade de Port-de-Bouc au Sud-Ouest ; longé par le canal de Grande Navigation de Bouc à Martigues.

Caronte — Roc escarpé, chaîne du Vernègues, sur la limite d'Aurons et de Pélissanne, à 300 m. du château ruiné de la Penne — Sur le sommet, restes très reconnaissables d'un camp ou habitat celtique.

Carpiagne — Ferme importante, com. et 5ᵉ cant. de Marseille (17 kil. 500 m.) — Dans une vallée du massif de Saint-Cyr — Ancienne possession des Templiers et ensuite des Chevaliers de Saint-Jean-de-Jérusalem — Église du monastère bien conservée.

Carpiagne — Montagne, entre le massif de Saint-Cyr et la chaîne de la Gardiole improprement nommée Gradule — Altitude : 646 m.

Carpourière ou **Carpoulière** — Ruisseau : se forme dans les montagnes d'Allauch, passe au-dessous de la Treille-les-Camoins et se perd dans la Gadelonne, près de la Valentine, com. de Marseille. — Cours : 3,500 m.

Carri-le-Rouet — Commune, 557 hab., cant. de Martigues (17 kil.) arrond. d'Aix (35 kil.) — Port de mer — Sur le versant méridional de la chaîne de l'Estaque très-boisé. — Ancien nom : *Incarrus positio*, station romaine. — Étymologie : *Car*, chariot — Église *Saint-Raphaël* — Blé, huile, bois de chauffage. — Pêche.

Carro — Hameau, com. et cant. de Martigues (10 kil.)— Petit port naturel, à 11 kil. de Carri — Origine du nom : *Car*, charriot. — Pêche.

Carubi — Montagne, chaînon du Bassan, entre Auriol et Roquevaire.

Casal (Le) — Hameau, com. de Maussane (1 kil.) cant. de Saint-Remy (11 kil.) — Sur le chemin de grande communication n° 10.

Casan — Hameau, com. du Vernègues (4 kil.) cant. d'Eyguières (18 kil.) — Sur la route nationale n° 7.

Cassan — Hameau, com. et cant. de Saint-Remy (11 kil.)

Cassidagne — Ecueil, en avant de la côte, entre Cassis et La Ciotat.

Cassis — Commune, 1,809 hab., cant. de La Ciotat (11 kil.) arrond. de Marseille (22 kil.) — Au pied des chaînons de Canaille et de la Gardiole — Port de mer. — Ancien nom : *Carsicis pertus* (IIIe s.) Station romaine — Château construit par les Baux (XIIIe s.) — Eglise Saint-Michel (1875) — (Vin estimé), huiles, fruits, légumes secs — Pêche, carrières de pierres de taille très connues, scourtins—*Biogr.* Jean-Jacques Barthélemy (1795); Auguste Vidal (1856) — Visiter : Chapelle Sainte-Croix (1852) à l'altitude de 151 m.; Calanque de Pormiou, puits naturels curieux et source sous-marine considérable.

Castelet (Le)—Hameau, com. et cant. de Tarascon (1 kil. 200 m.) — Anciennement île du Rhône — Vieux château.

Castelet (Le) — Plateau, com. de Fontvielle (3 kil.) cant. Est. d'Arles (6 kil.) — Grottes celtiques du même genre que celles de Cordes.

Castelveire — Ville morte, élevée au moyen-âge sur les ruines de *Maritima Avaticorum*, com. de Saint-Mitre, cant. d'Istres.—Altitude : 59 m

— 17 hab. — A 200 m. de la chapelle de Saint-Blaise.

Castillon — Château ruiné du XIIe s., sur la colline de la Pène, au-dessus de l'étang du Comte, com. du Pardou (1 kil. 800 m.) — Ancien nom : *Castelletum de Martini* (1497) — Altitude : 46 m.

Catalans (Les) — Faubourg, com. et 5e cant. de Marseille (1 kil. 700 m.) — Altitude : 3 m. — Colonie de *Catalans* (1660) — Anse occupée par des établissements de bains de mer.

Cativel — Montagne qui se ramifie à la chaîne de l'Etoile, com. de Gardanne.

Caunet (Le) — Ruisseau. A son origine dans les montagnes de Roquefort, traverse Ceyreste et le territoire de La Ciotat et se perd dans le golfe des Lèques — Cours : 7 kil.

Cauvets (Les) — Hameau, 50 hab. com. de Ventabren (2 kil.) cant. de Berre (17 kil.) — Altitude : 170 m. — Sur le Canal de Marseille.

Cauvières (Les) — Hameau, com. d'Allauch (8 kil.) 6e cant. de Marseille (15 kil.) — Sur le versant méridional de l'Etoile.

Cavaou (Le) — Hameau, com. d'Allauch (3 kil.) 6e cant. de Marseille (11 kil.) — Sur la limite de ces deux communes.

Cayoles (Les) — Hameau, com. de Septèmes (1 kil. 300 m.) cant. de Gardanne (11 kil. 500 m.) — Vallon de Tubiés.

Cayols (Les) — Hameau, 33 hab., com. de Bouc (3 kil. 500 m.) cant. de Gardanne (6 kil. 500 m.) — Dans une plaine, sur le chemin de gr. com. n° 7.

Cayols (Les) — Hameau et quartier, 200 hab., com. de Septèmes (800 m.) cant. de Gardanne

(15 kil.) — Sur la route nationale n° 8 — Caserne de gendarmerie.

Cèbe (La) — Montagne, de la chaîne d'Eguilles, com. d'Eguilles — Altitude : 303 m.

Ceintureau (Le) — Roubine qui déverse dans le Réal, com. de Saint-Remy — Cours : 2,400 m.

Cengle (Le) — Montagne élevée, ramification de la chaîne de Sainte-Victoire, entre Saint-Antonin, Châteauneuf-le-Rouge et Rousset — Altitude : 500 m.

Cengle (Le) — Hameau, 36 hab., com. de Beaurecueil (2 kil.) cant. de Trets — Sur le versant occidental du Cengle.

Ceyreste — Commune, 610 hab., cant. de La Ciotat (5 kil. 600 m.) arrond. de Marseille (34 kil. 400 m.) — Altitude : 74 m. — Au pied de la chaîne de Roquefort, sur le Caunet — Colonie Massaliète — Ancien nom : *Citharista* (417) — Château marseillais antique (en démolition) ; Fontaine massaliète ; Grande inscription latine mutilée — Tour du clocher (XIII° s.) — Eglise la Transfiguration (1650) — Huile, légumes secs.

Chabaud (Les) — Hameau, 47 hab., com. de Bouc (4 kil.) cant. de Gardanne (8 kil.) — Sur la route nationale n° 8.

Chabran ou **Mas de Chabran** — Hameau, com. de Mouriès (1 kil. 400 m.) cant. de Saint-Remy (14 kil. 500 m.) — Dans la plaine.

Chaffards (Les) — Hameau, 29 hab., com. de Charleval (500 m.) cant. de Lambesc (11 kil. 500 m.) — Près du canal de Crapponne.

Chagne (La) — Roubine des Vidanges de la Corrége, com. d'Arles — Cours : 10,031 m.

Chalavert (Le) — Canal des Vidanges, com. d'Arles — Cours : 3,200 m.

Chamone—Hameau, com. et cant. Ouest d'Arles (41 kil.) — Port sur la rive droite du grand Rhône dans la Camargue. — Anciennement port de mer.

Chanaux (Les) — Hameau, com. d'Allauch (2 kil.), 6ᵉ cant. de Marseille — Sur la route nat. nº 8 *bis*—Origine du nom : *Chanaud*, prop. (1517).

Chapelette (La) — Roubine de dessèchement des marais de la Crau, aboutissant à l'étang de Meyrane. — Cours 7,836 m.

Chapusses (Les) — Hameau, 34 hab., com. de Rognes, cant. de Lambesc (4 kil.) — Sur la limite de Lambesc, à 600 m. du chemin de gr. com. nº 4.

Charles (Les) — Hameau, com. d'Allauch, 6ᵉ cant. de Marseille — Ancien nom : *Baume de Charles* (1631).

Charleval — Commune, 1,073 hab., cant. de Lambesc (11 kil.), arrond. d'Aix (30 kil. 500 m.) — Altitude : 138 m. — Dans une plaine dominant la Durance, sur le chemin de gr. com. nº 4 — Village fondé en 1741—Origine du nom : Vallée de *Charles* (prince de Lambesc) — Eglise de Saint-Césaire (1759); Château rebâti en 1856 — Blé et grains, légumes secs et verts, chardons, foin, maïs, tabac, amandes, bois, osier, charbon de bois, résine, pépinières — Moulins à eau — *Foire :* 15 octobre.

Chartreux (Les) — Faubourg, 7,073 hab., com. et 4ᵉ canton de Marseille (2 kil. 500 m.) — Sur la route nat. nº 8 *bis* — A pris son nom de l'ancienne *Chartreuse* (1633) — Eglise remarquable (du monastère) Sainte-Marie-Madeleine (1652) — Usines diverses.

Chastel — Roubine, commune de Maillane — Cours : 697 m.

Chat-Banu (Lé) — Hameau, com. de Gardanne.

Château (Le) — Chef-lieu de la com. de Châteauneuf-le-Rouge — Voir ce mot.

Château l'Arc — Hameau, com. de Fuveau (4 kil. 500 m.), cant. de Trets (8 kil.) — Altitude : 230 m. — A 800 m. du chemin de gr. com. n° 7. — A pris son nom d'un *Castelar* voisin — Bâtiment et chapelle du XVIIe s.

Château d'Avignon — Hameau, com. d'Arles (25 kil.) — A 1 kil. 500 m. du grand Rhône, en Camargue — Origine du nom : *Davignon*, propr. 1er empire) — Formait autrefois une commune sous le nom de Boismaux — Anciennes rizières.

Château des Tours — Château, q. de la Visté, com. et 4e cant. de Marseille (7 kil.) — Construction remontant au XIIIe s., *réédifiée après 1830* — Jolie chapelle — Vue magnifique.

Château-d'If — Ilot faisant partie du groupe des Iles de Marseille — Fort et prison d'Etat élevés sous François 1er — Fanal ou feu fixe, élevé de 21 m. au-dessus de la mer.

Château du Roi d'Espagne — Maison de campagne, quartier de Mazargues (1 kil. 300 m.), com. et 5e cant. de Marseille (7 kil. 600 m.) — Belle propriété réservée à Charles IV, roi d'Espagne, détrôné par Napoléon (1808) — Bois — Sable utilisé pour la construction.

Château-Gombert — Village, 1,424 hab., com. et 6e cant. de Marseille (8 kil. 900 m.) — Sur le versant méridional de l'Etoile — Agglomération très ancienne — Origine du nom : *Gombertus, Castellum Gomberti* (1141) — Belle église (1600); tableaux de Puget et de Serre — Chapelle des Pénitents; tableau de Finsonius.

Châteauneuf — Station du chemin de fer du Pas-des-Lanciers (9 kil. 373 m.), à Martigues (9 kil.

547 m.)—Altitude : 16 m. 37 c.—Distance du village : 400 m.

Châteauneuf-les-Martigues — Commune, 1,205 hab., cant. de Martigues (9 kil. 500 m.) arrond. d'Aix (31 kil.) — Altitude : 47 m. — Au pied du versant septentrional de la chaîne de l'Estaque — Ruines du Castelas; Eglise Sainte-Cécile (1866) — Blé, huile, mûriers, bois — Fabrique de chaux, moulins à huile — Pêche et chasse sur l'étang de Bolmon.

Châteauneuf-le-Rouge — Commune, 289 hab., cant. de Trets (11 kil.) arrond. d'Aix (12 kil. 500 m.) — Altitude : 248 m. — Sur la route nationale n° 7 — Origine du nom : couleur du sol. — Ancien nom : *Castrum novum rubrum* (1323) — Eglise Saint-Antoine (1700) — Blé, foin.

Châteaurenard — Canton ; 6 com.; 14,882 hect.; 15,862 hab. — Barbentane — Châteaurenard — Eyragues — Graveson — Noves — Rognonas.

Châteaurenard — Commune, 5,545 hab., chef-lieu de cant., arrond. d'Arles (36 kil.) — Altitude : 45 m. — Sur un coteau, dans une belle plaine — Ancien nom : *Castrum Renardi* (1038) — Restes du château consistant en deux tours élevées — Ruines des églises de Saint-Sulpice et de Saint-Honorat; Eglise paroissiale Saint-Denis ; Hôtel-de-Ville ; Hospice — Grains et graines, olives, légumes verts, fruits, chardons, mûriers, pépinières — Moulins, dévidage de soies, fours à chaux, briquetteries — Foires : 28 avril, 1er lundi d'août.

Chaume (La) — Montagne, chaîne des Alpines — Altitude 386 m.

Chazelle — Hameau, com. de Malemort (2 kil. 500 m.) cant. d'Eyguières — Dans une plaine, à 1 kil. de la Durance.

— 43 —

Cheinette — Hameau, 30 hab., com. de Châteauneuf-le-Rouge (2 kil.) cant. de Trets (9 kil.)— Près de la route nationale n° 7.

Chemin de Bandol (Le) — Hameau, 62 hab., com. et cant. de Trets (3 kil.) — Ruines d'un établissement fondé par les Templiers, en 1225.

Chemin de fer (d'intérêt local) d'Arles à Fontvielle — (11 kil.) — Dessert les stations de Mont-Majour (6 kil.) Fontvieille (9 kil.), les Carrières (11 kil.)

Chemin de fer d'Arles à Lunel — (13 kil. dans le dép.) — S'amorce à la gare d'Arles, traverse le Grand-Rhône, sur un pont de fer, s'engage dans la Camargue, dessert la station de ce nom (12 kil.) et entre dans le Gard en franchissant le Petit-Rhône.

Chemin de fer d'Arles à Trinquetaille — (2 kil.) — Destiné au service de la gare maritime, rive droite, quais de Trinquetaille.

Chemin de fer d'Aubagne à Valdonne — (17 kil.) — S'embranche à la ligne de Marseille à Toulon, devant Aubagne, et dessert les stations de Pont-de-l'Etoile (5 kil.), Roquevaire (8 kil.), Auriol (10 kil.), la Bouilladisse (14 kil.), Valdonne (17 kil.), et a son point terminus aux mines des puits Léonie et Castellane, com. de Peypin.

Chemin de fer de Gardanne à Brignoles — S'embranche à la ligne d'Aix à Pertuis, devant Gardanne, et dessert les stations de La Barque-Fuveau (7 kil.), Peynier (14 kil.) et Trest (19 kil.) — N'atteindra Brignoles qu'à la fin de 1880.

Chemin de fer (de la ligne) de Saint-Charles au Prado — (3 kil.) — S'embranche à la ligne de Marseille à Toulon, devant la station de la Blancarde, passe à Saint-Pierre et à la Capelette et aboutit à la gare, à 600 mètres en arrière du Prado; altitude : 24 m.

Chemin de fer de la Gare maritime à la Gare Saint-Charles — (3 kil.) — Part de la Joliette, derrière le grand bâtiment des Docks, passe sous la grande route d'Aix, traverse par le milieu la Belle-de-Mai et, par une rampe très-forte, atteint la partie supérieure des dépendances de la gare Saint-Charles.

Chemin de fer de Marseille à Pertuis (ligne directe d'Aix — (5 kil.) — S'embranche à la ligne d'Avignon, à 1,400 m. de Saint-Barthélemy, dessert Sainte-Marthe (6 kil.), Saint-Antoine (9 kil.), Septèmes (11 kil.), Bouc-la-Malle (15 kil.), Simiane (18 kil.), Gardanne (22 kil.), Luynes 27 kil.), Aix (33 kil.), La Calade (41 kil.), Puyricard (44 kil.), Venelles (48 kil.), Réclavier (56 kil.), Meyrargues (59 kil.), et rejoint la ligne d'Avignon à Gap, en franchissant la Durance, un peu en amont de Pertuis (65 kil.).

Chemin de fer de Marseille à Avignon — (121 kil.) — Part de la gare Saint-Charles (altitude : 48 m. 70 c.), dessert les stations de la Banlieue : Saint-Barthélemy (3 kil.), le Canet (5 kil.), Saint-Joseph (6 kil.), les Aygalades ou Saint-Louis (7 kil.), Séon-Saint-André (8 kil.), Séon-Saint-Henri (9 kil.), l'Estaque (11 kil.), passe sous le tunnel de la Nerte (4,638 mètres), puis, dessert les stations de Pas-des-Lanciers (19 kil.), Vitrolles (24 kil.), Rognac (28 kil.), Berre (34 kil.), Saint-Chamas (48 kil.), Miramas (53 kil.), Entressen (58 kil.), Saint-Martin-de-Crau (70 kil.), Raphèle (78 kil.), Arles (86 kil.), les Ségonnaux (94 kil.), Tarascon (100 kil.), Graveson (109 kil.), Barbentane (115 kil.), et, franchissant la Durance, à 4 kil. d'Avignon, parvient à la station de cette ville (121 kil.).

Chemin de fer de Marseille à Toulon —

(67 kil.) — Se détache de la ligne d'Avignon, un peu en amont de la gare Saint-Charles, dessert la Blancarde (6 kil.), puis, s'engageant dans la vallée de l'Huveaune, passe à la Pomme (7 kil.), Saint-Marcel (9 kil.), Saint-Menet (12 kil.), la Penne (13 kil.), Camp-Major (15 kil.), Aubagne (17 kil.), Cassis (27 kil.), La Ciotat (37 kil.), et pénètre dans le département du Var, entre Ceyreste et Saint-Cyr (44 kil.), après un parcours de 40 kil. dans le département du Bouches-du-Rhône.

Chemin de fer de Miramas à Cavaillon — (36 kil.) — S'embranche sur la ligne d'Avignon à Miramas (53 kil. de Marseille), dessert les stations de Grans (9 kil.), Salon (13 kil.), Lamanon (20 kil.), Sénas (25 kil.), Orgon (30 kil.), et, franchissant la Durance sur un magnifique pont en fer, se dirige sur Cavaillon (36 kil.) après un parcours dans le département de 31 kil.

Chemin de fer (d'intérêt local) de Miramas à Port-de-Bouc (en cours d'exécution) — S'embranche sur la grande ligne de Marseille à Avignon, à la station de Miramas (53 kil. de Marseille) dessert les stations d'Istres (10 kil.), de Rassuen (12 kil.) et continue dans la direction de Port-de-Bouc (21 kil.).

Chemin de fer de Rognac à Aix — (26 kil.) — Se détache de la ligne d'Avignon, à la station de Rognac (28 kil. de Marseille), dessert les stations de Velaux (7 kil.), Roquefavour (12 kil.), en passant sous le superbe aqueduc du canal de Marseille, les Milles (19 kil.) et rejoint à Aix (26 kil.) la ligne de Marseille à Pertuis.

Chemin de fer de Tarascon à Beaucaire — (1 kil.) — Se détache de la ligne d'Avignon, devant Tarascon (100 kil. de Marseille), franchit le Rhône sur un magnifique pont-viaduc en fer et pénètre dans le département du Gard, à Beaucaire, se dirigeant sur Montpellier (177 kil.) et Cette (205 kil.).

Chemin de fer (d'intérêt local) de Tarascon à Saint-Remy — (15 kil.) — S'embranche à la ligne d'Avignon en amont de Tarascon (100 kil. de Marseille) et dessert les stations de Saint-Etienne (6 kil.), La Rode (9 kil.), Bagatelle (10 kil.), La Massane (12 kil.) et parvient à Saint-Remy (15 kil.).

Chemin de fer (d'intérêt local) du Pas-des-Lanciers à Martigues — 19 kil. — S'embranche à la ligne d'Avignon, à la station du Pas-des-Lan-Lanciers (19 kil. de Marseille), dessert les stations de Gignac (3 kil.), Marignane (6 kil.), Châteauneuf (10 kil.), La Mède (15 kil.), et longeant ensuite l'étang de Berre, atteint Martigues (19 kil.).

Chemin de fer du Port-Vieux à la gare du Prado — Commence au bassin de Carénage et, décrivant une courbe prononcée en souterrain, vient atteindre la ligne du Prado à Saint-Charles. — Long. 3,716 m. dont 2,497 en souterrain.

Chemin de grande communication n° 1 — De Marseille à La Ciotat et au département du Var avec embranchement de Cassis au Col de Lange — Long. : 46 kil. 700 m. — La section principale part de la route nationale n° 8, à la place Castellane, dessert le Rouet, Sainte-Marguerite, gravit la Gineste et aboutit à Cassis — L'embranchement commence à Cassis, croise la route départ. n° 16 au Pas d'Oullier et rejoint la route nationale n° 8, au Lion d'Or, à 3 kil. 500 m. au-dessous de Cuges.

Chemin de grande communication n° 2 — De Marseille à Saint-Pons, par Aubagne — Long. 25 kil. 155 m. — Dessert Saint-Pierre, la Pomme, Saint-Marcel, Saint-Menet, la Bastidonne, Camp-Major, Aubagne, Gémenos et finit à peu de distance de l'abbaye de Saint-Pons, com. de Gémenos.

Chemin de grande communication n° 3 — De Martigues à Salon, par Istres — Long. : 24 kil. 700 m. — Commence à Ferrières, dessert Saint-

Mitre, Istres, où il emprunte la route départ. n° 7 jusqu'à la station du chemin de fer de Miramas, et se dirige sur Salon à travers la Crau.

Chemin de grande communication n° 4 — De Peyrolles à Pont-Royal et à Saint-Chamas — Long. : 69 kil. 600 m. — Commence à Peyrolles et, longeant à distance la Durance, dessert Meyrargues (1 kil.), le Puy-Sainte-Réparade, Saint-Estève-Janson, le bassin de Saint-Christophe, la Roque-d'Anthéron, Charleval, atteint la route nat. n° 7, à Pont-Royal, suit le chemin de gr. com. n° 13 jusqu'à Eyguières où il emprunte la route dép. n° 1 jusqu'à Lançon, passe à Cornillon et aboutit, près de Saint-Chamas, à la route dép. n° 7.

Chemin de grande communication n° 5 — D'Arles et de Tarascon à Salon, avec embranchement sur les Forges — Long. : 53 kil. 400 m. — Dessert Arles, Fontvieille, le Paradou, Maussane, Mouriès, Aureille (1 kil.), Eyguières, et aboutit à la route dép. n° 10, près de Salon — L'embranchement de Tarascon commence à la route départ, n° 15, à Saint-Gabriel, et finit à Fontvieille.

Chemin de grande communication n° 6 — De Tarascon au pont de Bonpas par Noves — Long. : 14 kil. 500 m. — Commence à Graveson, dessert Graveson, Châteaurenard, Noves et aboutit à la route nat. n° 7, à 1 kil. du pont de Bonpas.

Chemin de grande communication n° 8 — D'Istres à Fos jusqu'à la mer — Long. : 10 kil. 900 m. — Commence à Istres et atteint le canal d'Arles à Bouc, au-dessous de Fos.

Chemin de grande communication n° 9 — De Martigues à Avignon, avec embranchement d'Entressen à Saint-Chamas — Long. : 47 kil. 900 m. — La section de Martigues à Avignon commence à la route dép. n° 7 à 3 kil. 500 m. d'Istres, traverse la

Crau, en passant à l'Est de l'étang d'Entressen, atteint Mouriès, puis Maussane, Saint-Remy, Eyragues, Châteaurenard et aboutit à la route dép. n° 5, à 500 m. du pont de Rognonas. — L'embranchement d'Entressen à Saint-Chamas va directement d'Entressen à la rencontre de la route dép. n° 7, à la station de Miramas.

Chemin de grande communication n° 10 — D'Istres à Orgon, par Eyguières — Long. : 19 kil. 600 m. — Commence à la station de Miramas, passe au Merle, traverse Eyguières et aboutit à la route nat. n° 7, à 2 kil. 200 m. au-dessous d'Orgon.

Chemin de grande communication n° 11 — De Saint-Louis à la Pomme et au Logis-Neuf, par Allauch — Long. : 24 kil.— Commence au village de Saint-Louis (com. de Marseille), dessert Saint-Joseph, Sainte-Marthe, la Rose, les Olives, la Valentine et aboutit par deux points, au chemin de gr. com. n° 2, puis, remontant par les Fabres, dessert Allauch et vient aboutir à la route nat. n° 8 *bis*, au Logis-Neuf.

Chemin de grande communication n° 12 — D'Arles à Saint-Gilles — Long. : 15 kil. 200 m. — Commence à Arles (Trinquetaille), longe, à distance, le Petit-Rhône et atteint le chemin d'intérêt com. n° 11, à 200 m. de la branche du fleuve, vis-à-vis Saint-Gilles.

Chemin de grande communication n° 13 — D'Eyguières à la route nat. n° 7, à Pont-Royal — Long. : 12 kil. — Commence à 2 kil. d'Eyguières, (chemin de gr. com. n° 5), dessert Lamanon et Alleins et atteint la route nat. n° 7, où il se lie avec le chemin de gr. com. n° 4, près de Pont-Royal.

Chemin d'intérêt commun n° 1 — De la Destrousse à Luynes, par Gardanne — Long. : 20 kil. 590 m. — Commence à la Destrousse, dessert Peypin, puis, après avoir emprunté la route nat.

n° 8 *bis*, Codolive, Saint-Savournin et Gardanne, et aboutit à la route nat. n° 8, au village de Luynes.

Chemin d'intérêt commun n° 2 — De la Malle aux Pennes — Long. : 5 kil. 560 m. — Commence à la route nat. n° 8, en face de la route dép. n° 20, dessert le Plan-de-Campagne et aboutit à la route dép. n° 1, à l'Assassin.

Chemin d'intérêt commun n° 3 — De Salon à Istres, par Grans — Long. : 22 kil. 820 m. — Commence à Salon, dessert Grans, passe à 1 kil. au-dessous de Miramas, longe l'étang de Saint-Chamas et aboutit à Istres.

Chemin d'intérêt commun n° 4 — De Salon à Alleins — Long. : 11 kil. 215 m. — Commence à Salon, à l'ancienne route départementale, franchit le massif du Vernègues, en passant à proximité des villages d'Aurons et du Vernègues, et aboutit à Alleins, où il rejoint le chem. de gr. com. n° 13.

Chemin d'intérêt commun n° 5 — D'Eyguières à Pont-Royal et à Malemort — Long. : 6 kil. 705 m. — Commence au chem. de gr. com. n° 4, à 2 kil. 500 m. d'Eyguières, et rejoint la route dép. n° 19, près de Malemort.

Chemin d'intérêt commun n° 6 — De Tarascon au pont de Bonpas, par Barbentane — Long. : 19 kil. 770 m. — Commence à la route dép. n° 15, à 500 m. de Tarascon, dessert Boulbon, Barbentane et se soude au chemin de gr. com. n° 9, près de la Durance, à 1,300 m. de Rognonas.

Chemin d'intérêt commun n° 7 — De Graveson à Saint-Andiol, par Eyragues — Long. : 14 kil. 660 m. — S'embranche au chem. de gr. com. n° 6, à 1 kil. de Graveson, dessert Eyragues et Verquières et aboutit à Saint-Andiol.

Chemin d'intérêt commun n° 8 — De Saint-

Remy à Graveson, par Maillane — Long. : 9 kil. 755 m. — Commence à Saint-Remy, dessert Maillane et aboutit à Graveson.

Chemin d'intérêt commun n° 9 — D'Arles aux Saintes-Maries — Long. : 36 kil. 730 m. — Commence à Trinquetaille, dessert Albaron et le Château Davignon et atteint les Saintes-Maries, en passant entre les étangs de Ginès et des Launes.

Chemin d'intérêt commun n° 10 — De Maussane à Saint-Martin-de-Crau — Long. : 12 kil. 300 m. — Commence à Maussane, coupe l'étang du Comte, dessert Saint-Martin-de-Crau et aboutit à la gare du chemin de fer de Saint-Martin.

Chemin d'intérêt commun n° 11 — D'Albaron à Saint-Gilles — Long. : 7 kil. 520 m. — Commence à Albaron et rejoint le chem. de gr. com. n° 12, à 200 m. du Petit-Rhône.

Chemin d'intérêt commun n° 12 — Du bac d'Aramon, sur le Rhône, à Rognonas — Long. : 4 kil. 480 m. — Commence à la route dép. n° 15, à la station de Barbentane, et rejoint le chem. d'intérêt com. n° 6, à 1 kil. de Barbentane.

Chemin d'intérêt commun n° 13 — De la route dép. n° 12 à la station du Pas-des-Lanciers — Long. : 1 kil. 460 m. — Longe la voie ferrée, sauf sur le tiers de son tracé qui passe au-dessus du tunnel de la Nerte.

Chemin d'intérêt commun n° 14 — De Saint-Martin-de-Crau à Mouriès — Long. : 9 kil. 200 m. — Commence à la route dép. n° 1, à Saint-Martin, passe à Joyeuse-Garde et aboutit à Mouriès.

Chemin d'intérêt commun n° 15 — De Martigues à Marseille, par Carri-le-Rouet — Long. : 40 kil. 800. — Part de Martigues, dessert Saint-Pierre (1 kil.), Saint-Julien, Sausset, Carri, le

Rouet, Ensuès, le Rove, la Nerte, l'Estaque, Séon-Saint-Henri, Séon-Saint-André et rejoint la route nat. n° 8 à Saint-Louis.

Chemin d'intérêt commun n° 16 — De La Ciotat au département du Var — Long. : 13 kil. 125 m. — S'embranche sur le chemin de gr. com. n° 1 à Sainte-Marguerite, passe à Ceyreste, et va atteindre la limite du Var au petit hameau de la Bégude — Un embranchement de 1 kil., dessert la station de La Ciotat.

Chemin d'intérêt commun n° 17 — De Saint-Remy à Noves — Long. : 12 kil. 195 m. — Commence à Saint-Remy (route nat. n° 99), emprunte le chemin d'intérêt com. n° 7 sur un parcours de 500 m. et atteint Noves.

Chemin d'intérêt commun n° 18 — De Saint-Remy à Eyguières, avec embranchement sur Aureille — Long. : 19 kil. 380 m. — La voie de Saint-Remy à Eyguières commence à la route nat. n° 99, à la limite de Saint-Remy et d'Eygalières, et aboutit au chemin de gr. com. n° 10, à 1 kil. de Roque-martine — L'embranchement sur Aureille commence à la limite d'Eygalière et d'Aureille et aboutit au chemin de gr. com. n° 5, à 1 kil. au-delà d'Aureille.

Chemin d'intérêt commun n° 19 — Des Baux à la Crau Messane, par Saint-Remy — Long. : 6 kil. 710 m. — Commence aux Baux et aboutit à la route nat. n° 99, à Saint-Roch, com. de Saint-Remy.

Chemin d'intérêt commun n° 20 — De Mouriès au pont de Vallongue — Long. : 10 kil. — Commence à Mouriès et va se souder au chemin d'intér. com. n° 18, près de la limite d'Eygalières.

Chinquine (La) — Hameau, com. de Barbentane (1 kil. 300 m.), cant. de Châteaurenard (9 kil.) — Sur le chemin d'intérêt com. n° 6.

Ciotat (La) —Canton; 4 communes; 11,480 hect. ; 13,125 hab. — Cassis — Ceyreste — La Ciotat — Roquefort.

Ciotat (La) — Commune, 10,058 hab., ch.-l. de cant. de l'arrond. de Marseille (32 kil.) — Au pied du massif de Canaille, à l'Est — Port de mer — Anciens nom : *Citharista portus* (port de Ceyreste); *Burgum civitatis* (bourg de la ville de Ceyreste) 1365 — Bassin de 8 hectares de superficie; quais spacieux — Eglise paroissiale Notre-Dame (1625); Hôtel-de-Ville (1864); Hospice (1617); Chapelle des Pénitents blancs; Fort Béroard (1551); 2 phares (fanaux) — Légumes secs, huile d'olive — Houille, bois de construction, fonte, matériaux de construction — Ateliers considérables des Messageries Maritimes pour la construction des navires de commerce — Pêche, salaisons. — *Biogr.* Honoré Ganteaume (1818); Joseph Guys (1694); E.-M. Masse (1862); Joseph Seguin (1692) — *Foire* : 15 août. — Visiter : Chapelle N.-D.-de-la-Garde (1544); le Bec de l'Aigle, rocher, promontoire.

Ciotat (La) — Station du chemin de fer de Marseille (37 kil.), à Toulon (30 kil.) — Altitude : 61 m. 10 c. — Distance de la ville : 3 kil. 900 m.

Citis—Étang converti en salines (9 floréal an X); communes d'Istres et de Saint-Mitre — Superficie : 50 hectares.

Citrani — Hameau, 54 hab., com. de Jouques (3 kil.), cant. de Peyrolles (7 kil. 500 m.) — Sur le canal du Verdon.

Claps — Hameau, com. de Vauvenargues (3 kil.); cant. Nord d'Aix (15 kil.) — Altitude : 556 m. — Sur la route départementale n° 13, dans le massif de Sainte-Victoire. — Origine du nom: *Clapas*, tas de pierres et non *Clavis*, clé. — Ancienne chapelle de la Nativité de N.-D.

Clar (Le Grand et le Petit) ou **E. de Peluque —** Étangs, com. d'Arles (6 kil.) — Entre la Crau et le Trébon.

Cluzeau (Le) — Roubine, com. de Noves. — Cours : 5,234 mètres.

Co de Botte — Hameau, 30 hab., com. d'Allauch (2 kil.) 6ᵉ cant. de Marseille (9 kil.) — Origine du nom : Étienne *Ricard Botte* (1717) — *Co* pour *Enco* (chez) — Station de peuples primitifs.

Co de Pons — Hameau, com. d'Allauch (1,800 m.), 6ᵉ cant. de Marseille — Origine du nom : Co pour *Enco* (chez).

Codolive — Village, 628 hab., com. de Saint-Savournin (2 kil. 500 m.) cant. de Roquevaire (9 kil. 900 m.) arrond. de Marseille (18 kil. 800 m.) —Sur le versant septentrional de l'Étoile—Anciens noms et successivement : *Olive*, propriétaire, *les Olives, Enco d'Olive, Co d'Olive, Codolive* — Dans les actes officiels (depuis peu d'années) *Cadolive* — Église Saint-Lazare (1849) — Blé, légumes, huile, bois — Mines de lignite importantes, fabriques de ciment.

Colle de Lentin (La) — Montagne de la chaîne de Roquefort, au-dessus de la Penne, marquant la limite avec Aubagne et Marseille — Altitude : 598 m.

Colle (La) — Ruisseau, se forme au Petit-Sambuc et se jette dans l'Arc, à 2 kil, en amont d'Aix.

Colombière (La) — Chaînon de montagnes se rattachant à la chaîne de l'Étoile, com. de Roquevaire.

Collet-Pointu (Le) — Hameau, 19 hab. com. de Rognes, cant. de Lambesc.

Combe (La) — Hameau, 22 hab., com. et cant. de Trets (3 kil.) — A 1 kil. de la limite du dép.

Comte (Le) ou **E. des Baux** — Étang, com. de Maussane et de Paradou — Longueur de l'Est à l'Ouest : 5 kil. ; largeur moyenne : 600 m.

Comtes (Les) — Hameau, quartier des Caillols, com. et 6e cant. de Marseille (6 kil. 500 m.)—Au pied du Collet-de-Taurel (94 m.) — Chapelle N.-D.-du Rosaire (1740) — Voir sur le Collet : la Table des Sorcières.

Concernade (La) — Ruisseau considérable ; se forme dans les montagnes de la Trévaresse, près de Beaulieu, traverse Lambesc et va se jeter dans la Touloubre, à Labarben.

Concors ou **Concouès** (Le) — Montagne boisée de la chaine du Sambuc, com. de Peyrolles et de Jouques — Altitude de Sainte-Confosse : 790 m.

Confoux — Hameau, com. de Cornillon (3 kil.) cant. de Salon (8 kil.) — Altitude : 71 m. — Sur le versant méridional d'un coteau—Ancien nom : *Confoz* (1098) — Eglise Sainte-Marie et Saint-Raphaël — Au milieu de ruines considérables — Blé, huile, foin, mûriers.

Congrès (Le) — Branche du canal des Alpines se détachant près de Lamanon et se subdivisant en plusieurs canaux secondaires utilisés dans l'arrondissement d'Aix.

Constantine — Retranchement gaulois ou habitat celtique, à 1 kil. au-dessus de Calissanne, com. de Lançon (5 kil.) canton de Salon (11 kil.) —Altitude : 177 m. — Enceinte de murs en pierres sèches, avec tours de 20 en 20 m.—(Dénomination fautive).

Constantine — Première dénomination de la station du chemin de fer de Marseille à Avignon dite actuellement *Miramas*, dérivée du nom d'une maison de campagne voisine.

Contouès — Hameau, com. et cant. d'Orgon (3 kil.)

Cordes — Colline isolée, au milieu des marais, à 1 kil. de Montmajour, com. et cant. Est d'Arles (5 kil.) — Altitude : 63 m. — Restes de remparts, à la base ; au sommet, grotte factice, très curieuse, d'origine celtique, nommée *Grotte des Fées*.

Cordière (La) — Montagne de la chaîne d'Eguilles, com. d'Eguilles — Altitude : 306 m.

Cornillon — Commune, 495 hab. cant. de Salon (10 kil.) arrond. d'Aix (34 kil.) — Altitude : 110 m. — Sur un rocher, entre la Touloubre et le canal de Crapponne — Ancien nom : *Castrum Cornilionis* (1380) — Eglise Saint-Vincent (XIIᵉ s.) — Blé, huile, amandes, foin, mûriers, bois de chênes — Huileries — Visiter : Le Vallon des Prés, défilé de 300 m. de large, au fond duquel coule la Touloubre, entre des rochers taillés à pic.

Corrége (Le) — Roubine, dans la Haute-Camargue, com. d'Arles.

Cose (Le) — Ruisseau, le même qui est appelé Grande Rivière à Vauvenargues, Infernet à Saint-Marc, Tholonet à Tholonet, et Cose ou Cause à Meyreuil ; se jette dans l'Arc, près de la route nat. nᵒ 7.

Côtes (Les) — Massif de montagnes, chaîne de la Trévaresse, entre la Durance et la plaine de Lambesc. — Au centre, plateau de Goiron (altitude : 479 m.) ancien oppidum gaulois. — Visiter : Sainte-Anne, chapelle du XIIIᵉ s. et la Balme, ferme — Point culminant : 487 m.

Coudoux (Le Grand et le Petit) — Village, 391 hab., com. de Ventabren (6 kil. 500 m.) cant. de Berre (13 kil.) — Altitude : 105 m. — Au pied d'un coteau près de la route départ. nᵒ 7 — Eglise Saint-Michel (1746) — Blé, bois — Fab. de noir suranimalisé, lignites.

Couestes (Les) — Hameau, com. et cant, Nord d'Aix (8 kil.) — Sur le canal du Verdon, à la limite de Venelles.

Coufonne (Le) — Ruisseau, com. de Marseille — Commence au-dessus du Cabot et se perd dans l'Huveaune, près de Saint-Giniez. — Source abondante.

Couloubleau (Le) — Lac, d'une superficie de 2,890 m. traversé par le Riaou, ruisseau, com. de Jouques.

Courchons (Les) — Hameau, 47 hab., com. d'Allauch (2 kil.) 6e cant. de Marseille — Près des Figons.

Couronne (La) — Village, 655 hab. , com. et cant. de Martigues (8 kil.) — Au-dessus de l'anse de Beaumadri ou de Sainte-Croix — Chapelle Sainte-Croix — Anciennes habitations taillées dans les carrières mêmes — Exploitation considérable de pierres de taille de grès coquillier — Pêche.

Courtot — Hameau, 43 hab., com. et cant. de Trets (3 kil.) — Dans la plaine, à 1 kil. de l'Arc.

Coussou (Le) — Hameau, com. et cant. de Lambesc (4 kil.) — Au-dessus du canal de Marseille, à 600 m. de la route nat. n° 7.

Coussou (Le) — Hameau et quartier, 245 hab. com. d'Eygalières, cant. d'Orgon.

Couteron — Hameau, com. et cant. Nord d'Aix (8 kil.) — A 1 kil. de la limite de Venelles, au pied de la Trévaresse.

Couton — Hameau, 20 hab., com. de Gignac (2 kil. 500 m.) cant. de Martigues (14 kil.) — Sur la limite du Rove.

Coutras (Le) — Hameau, 264 hab., com. d'Eyguières, cant. d'Orgon

Crau (La) — Vaste plaine caillouteuse dont la formation est due au Rhône, occupant une grande partie des communes d'Arles, d'Eyguières, de Salon, d'Istres et de Fos — Longueur 26 kil. du Nord au Sud, largeur 30 kil. de l'Est à l'Ouest; superficie 35,000 hectares environ—Elle se subdivise en Crau de Vergère, Crau de la Lieutenante, les Coustières, Saint-Martin-de-Crau, Crau sur Durance et Côte-Haute — Est arrosée partiellement par les canaux ou branches de Crapponne, des Alpines, de Langlade et d'Istres. — Une partie seulement de la Crau est cultivée; dans les régions en friche on fait paître, durant l'hiver, une grande quantité de bêtes à laine — Ancien nom : *Cravus* (1015) dont a fait grave et gravier.

Crau (La) — Canal d'arrosage, com. d'Orgon.

Crémade (La) — Hameau, com. et cant. de Gardanne (2 kil.) — Sur le ruisseau de Luynes.

Crémade (La) — Hameau, 37 habit., com. du Tholonet (1 kil.) cant. Nord d'Aix (5 kil.)— Près des Artauds, à 1 kil. de la route nat. n° 7.

Crémades (Les) — Hameau, 18 hab., com. de Lafare (2 kil.) cant. de Berre (10 kil.) — Dans une plaine, à 600 m. au Nord de la route départ. n° 7.

Creste (La) — Hameau, 43 hab., com. de Beaurecueil (2 kil.) cant. de Trets (22 kil.) — Sur la limite du Tholonet.

Cride (La) — Hameau, com. du Puy-Sainte-Réparade (2 kil. 100 m.) cant. de Peyrolles (15 kil. 500 m.) —Sur le ruisseau de Carcasse.

Croisette — Cap, en face de l'Ile Maïre, point de

séparation des golfes de Marseille et de Cassis — Au sommet, fortin en ruine à l'atitude de 60 m.

Croix de Maurice (La) — Hameau, com. de Font-vieille cant. Est d'Arles.

Croix de Célony (La) — Hameau, com. et cant d'Aix (4 kil.) — Altitude : 320 m. — Sur la route nat. n° 7, à la bif. du chemin d'Eguilles.

Croix-Rouge (La) — Village, 170 hab., com. et 6ᵉ cant. de Marseille (7 kil. 700 m.) — Sur la route nat. n° 8 *bis* — Origine du nom : Croix en couleur rouge marquée sur le bureau de la douane — Eglise Saint-Patrice (1868).

Croix-Saint-Hippolyte (La) — Hameau, com. d'Arles (12 kil.) — Dans la Crau.

Croses (Les) — Hameau, 157 hab., com. de Grans (1 kil.) cant. de Salon (4 kil.) — Entre le chemin d'intérêt com. n° 3 et la Touloudre.

Crottes (Les) — Faubourg, 3,101 hab. com. et 4ᵐᵉ cant. de Marseille (3 kil. 400 m.) — Sur la route nat. n° 8 — Etymologie : *Crota*, salle voûtée — Ancienne église des Carmes sur le Caravelle ; Eglise Notre-Dame-de-Jérusalem (1840) — Usines diverses importantes.

Cuges — Commune, 1,434 habit.. cant. d'Aubagne (12 kil. 500 m.) arrond. de Marseille (33 kil.) — Au pied de montagnes élevées, ramification de la Sainte-Baume, et au-dessus d'un lac desséché — Anciennement : *Cujia* (1025) — Eglise Saint-Antoine-de-Padoue (1870) — Huile d'olive, récolte et commerce de câpres. — *Foire* : 13 juin ou jour suivant, en cas de fête.

Culattes (Les) — Hameau, com. de Labarben (2 kil.) cant. de Salon (7 kil.) — Sur la Touloubre.

D

Dame (La) ou **Comtesse** (La) — Etang, com. des Saintes-Maries (13 kil.).

Dane — Hameau, 58 hab., com. de Labarben (2 kil.) canton de Salon (7 kil.) — Altitude: 166 m. — Près du chemin de gr. com. n° 4. — Belle source.

Davignon — Château moderne, centre d'une vaste exploitation agricole et industrielle, com. des Saintes-Maries. (13 kil.) — Sur la rive gauche du Petit-Rhône.

Daubergnes (Les) ou **Le Piquet** — Hameau-quartier, 169 hab., com. de la Roque d'Anthéron (4 kil.) cant. de Lambesc (17 kil.) — Entre la Durance et le chem. de gr. com. n° 4. — Ancienne propriété de la famille d'Auberguc, créée, dès le XV° s., par Adrien d'Aubergue. L'un des membres de cette famille, Anne-Thérèse d'Aubergue, épousa en 1724, M. de Piquet, marquis de Méjanes — Eglise Saint-Roch.

Décanis (Les) — Hameau, 27 hab., com. de Saint-Cannat (3 kil.) cant. de Lambesc (5 kil.) — Entre la route nat. n° 7 et le canal du Verdon.

Dedins (Le) — Etang, en Basse-Camargue, com. d'Arles (45 kil.)

Délubre (Le) — Ferme, com. de Vauvenargues (2 kil.) cant. Nord d'Aix (13 kil.) — Dans le massif de Sainte-Victoire — Construction antique à deux étages de voûtes, considérée jusqu'à ce jour comme le *Temple de la Victoire* qu'élevèrent les Romains à la suite des succès de Marius (?)

Denise (La) — Hameau, 102 hab., com. et cant. de Berre (7 kil.) — A l'embouchure de la Duransole. — Huilerie.

Destel (Le) — Hameau, com. de Mouriès (4 kil.) cant. de Saint-Remy (10 kil.) — Altitude : 89 m. — Dans un vallon étroit, au pied des Alpines, sur la route d'intérêt com. n° 20.

Deux-Lionnes (Les) — Etang, entre les étangs du Lion et de la Dame, com. des Saintes-Maries (12 kil.)

Destrousse (La) — Commune, 593 hab., cant. de Roquevaire (2 kil. 854 m.) arrond. de Marseille (28 kil. 850 m.) — Altitude : 197 m. — Sur la route nat. n° 96 — Village moderne — Eglise Saint-Pierre-ès-Liens, transformée (1872) — Blé, légumes secs — Minoterie, verrerie.

Deven (Le) — Hameau, 47 hab., com. de la Destrousse, cant. de Roquevaire.

Devenson (Le) — Hameau, com. de Mouriès (1 kil. 500 m.) cant. de Saint-Remy (10 kil.) — A 500 m. du chem. de gr. com. n° 5 et de la limite de Maussane.

Dezeaumes (Le) — Etang, dans la Crau, com. d'Arles (15 kil.) — A 4 kil. de la station de Saint-Martin-de-Crau — Longueur : 1,200 m.

Digue à la Mer (La) — Chaussée de 48 kil. de longueur, élevée pour défendre la Basse-Camargue contre la mer, com. d'Arles.

Diolte ou **Diote** (La) — Hameau, com. de Mimet (2 kil. 500 m.) cant. de Gardanne (6 kil.) — A 500 m. de la limite de Gréasque.

Douar (Le) — Hameau, 41 hab., com. du Rove (1 kil.) cant. de Martigues (25 kil.) — A l'entrée d'une gorge étroite s'ouvrant du Sud au Nord,

Douau — Hameau, com. et cant. de Lambesc (3 kil.) — Au pied du massif des Côtes, à 500 m. au-dessus du canal du Verdon.

Durance (La) — Rivière non navigable mais

flottable depuis Saint-Paul jusqu'au Rhône; prend sa source dans les Hautes-Alpes, à quelques kilomètres au-dessus de Briançon, sépare les départements des Bouches-du-Rhône et de Vaucluse, depuis le confluent du Verdon, baigne les communes de Saint-Paul, Jouques, Peyrolles, le Puy-Sainte-Réparade, Saint-Estève-Janson, la Roque-d'Anthéron, Charleval, Malemort, Sénas, Orgon, Saint-Andiol, Cabannes, Noves, Rognonas et Barbentane et se jette dans le Rhône, devant la Roque d'Acier, extrémité du territoire de Barbentane, à 4 kil. au-dessous d'Avignon.—Dans les Bouches-du-Rhône seulement, la Durance alimente les canaux d'arrosage de Cadarache, Puy-Sainte-Réparade, Marseille, Crapponne, Boisgelin ou Alpines, Sénas, Cabannes, Châteaurenard et quelques autres beaucoup moins importants.—Son lit est immense et d'une largeur variant de 1,000 à 2,000 mètres; les travaux d'endiguement tendent à le ramener à une largeur de 300 m. vis-à-vis Malemort et de 400 m. vis-à-vis Barbentane.—Elle débite à l'étiage 70 m. cubes et dans les plus grandes crues de 500 à 600 m. Sa pente est de 2 à 3 millimètres par mètre — Cours sur la limite du département : 96 kil.

Duransole (La) — Ruisseau commençant dans le territoire de Lançon, et débouchant dans l'étang de Berre, à 800 m. au Nord de l'embouchure du Lar (Arc.)

Duransole (La) — Roubine, com. de Graveson, Eyragues et Maillane.

Duransole (La) — Roubine, com. de Châteaurenard.

Durbecs (Les) — Hameau, quartier de Saint-Julien, com. et 6ᵉ cant. de Marseille (7 kil.)—Origine du nom : *Durbec*, propriétaire (Terra Francisci *Durbecqui* (1528).

E

Eglise (L') — Hameau, 65 hab., ch.-l. de la com. de Roquefort, cant. de la Ciotat, arrond. de Marseille — Altitude : 328 m. — Dans un vallon, sur le chem. de gr. com. n° 1 — Eglise Saint-Jean-Baptiste (1737) — Hôtel-de-Ville (1737) — Blé, légumes secs — Voir : *Roquefort*.

Eglise-Vieille (L') — Hameau, com. du Puy-Sainte-Réparade (2 kil.) cant. de Peyrolles (14 kil.) — Altitude : 455 m. — Sur le chem. de gr. com. n° 4.

Eglise-Vieille (L') — Hameau, com. de Mouriès (600 m.) cant. de Saint-Remy (16 kil. 500 m.)

Eguilles — Commune, 1,343 hab., cant. et arrond. d'Aix (7 kil.) — Altitude : 266 m. — Sur un plateau de la chaîne de montagnes séparant la vallée de l'Arc de la vallée de la Touloubre — Ancien nom : *Castellum d'Aguilla* (1180) — Eglise Saint-Julien (1072) — Blé — Beurre — Carrières importantes de plâtre : fab. d'eau-de-vie et d'huile ; minoterie — *Foires* : 27 août, 1ᵉʳ novembre. — Visiter : à la Bastide-Forte, Ruines d'un temple et d'un aqueduc romains : du côté de Lançon, Restes reconnaissables de la voie Aurélienne.

Eguilles — Chaînon de montagnes, ramification de la chaîne de Sainte-Victoire.

Emerics (Les) — Hameau, 11 hab., com. de Lafare (500 m.) cant. de Berre (9 kil. 500 m.) — Près de la route dép. n° 1.

Encrimaud — Hameau, com. d'Auriol (5 kil.) cant. de Roquevaire (8 kil.) — A 1 kil. de la limite de Peynier.

Endoume — Faubourg, com. et 5ᵐᵉ cant. de Marseille (3 kil. 600 m.) — Altitude : 50 m. — Sur

une falaise dominant les Catalans — Ancien nom :
Portus de Domezes (1288) — Eglise Saint-Eugène
(1842) — Sites pittoresques.

Engrenier — Etang sans communication avec la
mer, entre la barre de Fos et l'étang de Lavalduc
— Longueur du Nord-Est au Sud-Ouest : 1,500 m.,
largeur : 700 m.; superficie : 107 hect. A 8 m. 75 cent.
au-dessous du niveau de la mer — Canal romain
souterrain de 740 m. de long, communiquant avec
l'étang de Poura. — Etudes géologiques intéres-
santes.

Ensuès — Village, 440 hab., situé à la limite des
com. de Châteauneuf et du Rove (4 kil.) cant. de
Martigues (22 kil. 500 m.) arrond. d'Aix (45 kil.) —
Sur le chem. d'intérêt com. n° 15 — Altitude : 80 m.
Eglise Saint-Maur (1825) — Blé, bois — Chèvres —
Fromages blancs.

Entressen — Village, 290 hab., com. et cant.
d'Istres (10 kil.) — Altitude : 40 m. — Oasis dans la
Crau, autour d'un lac de 3 kil. 500 m. de circonfé-
rence — Tour du XIII° s. au bord de l'étang et sur
le canal d'Istres — Eglise de l'Immaculée-Concep-
tion (1838) — Pâturages — Bêtes à laine.

Entressen — Station du chemin de fer de Marseille (58 kil.) à Avignon (63 kil.) Altitude : 46 m.
— Distance du village : 2,100 m.

Eoures ou **Néoules** — Village, 174 hab., com. et
6° cant. de Marseille (13 kil. 400 m.) — Sur un
plateau, près de la limite d'Aubagne — Ancien nom :
Novalas (1064) — Eglise Notre-Dame, très ancienne, mais entièrement modifiée (1873) — Primeurs.

Eouves (Les) — Hameau, 10 hab., com. de Gréasque (2 kil.) com. de Roquevaire (11 kil.) — Dans un
bois de chênes verts (en provençal : *Eouvé*).

Escalède (L') — Retranchement gaulois ou habitat celtique, sur un roc escarpé (altitude : 149 m.) près de Sibourg, hameau, com. de Lançon (7 kil.) cant. de Salon (13 kil.).

Escalette (L') — Hameau, 43 hab., com. de Carri-le-Rouet (7 kil. 500 m.) cant. de Martigues (8 kil.) — Sur le chemin d'intérêt commun n° 15, à la limite de Martigues et de Châteauneuf.

Escampadou (L') — Hameau, com. de Maussane cant. de Saint-Remy.

Espacier (L') — Canal d'arrosage alimenté par le canal de Crapponne, com. de Malemort — Crapponne fournit également l'eau aux canaux de Chabran, de Notre-Dame, de Pont-Royal, de Rébon, de la Tour.

Esparon (L') — Ruisseau ; se forme au-dessous de Rians (Var) et se jette dans la Durance, en aval de Saint-Paul.

Esquinau (L') — Hameau, com. et cant. Ouest d'Arles (39 kil.) — Sur la rive droite du Grand-Rhône à 5 kil. de la mer. — Anciennes rizières.

Estaque (L') — Village, 1,625 hab., com. et 4ᵉ cant. de Marseille (10 kil. 900 m.) — Au pied de la montagne — Sorte de port de mer — Origine du nom : *Estaque*, droit d'ancrage sur les bateaux — Église Saint-Pierre-ès-Liens (1852) — Fabriques nombreuses de tuiles et de briques — Site pittoresque — Visiter : Grottes diverses.

Estaque (L') — Station du chemin de fer de Marseille (11 kil.) à Avignon (110 kil.) — Altitude : 54 m. 40 c.

Estaque (L') — Chaînon de montagnes, ramification de l'Étoile, entre la mer et l'étang de Berre.

Estomac (L') — Étang, com. de Fos — Situé au

dessous du village, à une très petite distance du canal d'Arles à Bouc — Long. : 2,500 m., larg. : 1,200 m. — Origine du nom : *Stomalimné*, ville massaliète disparue. — Salin de la Marronède.

Estrade (La Grande et la Petite) — Hameau, 136 hab., com. de Marignane, cant. de Martigues — La grande Estrade, sur les bords de l'étang de Bolmon, à 3 kil. de Marignane ; La petite Estrade sur l'étang de Vaines, près de l'étang de Lion, à 4,500 m. de Marignane.

Etangs de Berre, Valcarès, Saint-Chamas, etc.. Voir les mots : Berre, Valcarès. Saint-Chamas, etc.

Etoile (L') ou **Pont de l'Etoile** — Village, 700 hab., com. et cant. de Roquevaire (3 kil. 100 m.) — Sur l'Huveaune et la route nationale n° 96 — Appartenant en partie à Aubagne — Eglise (1868) — Fabriques de faïence, minoteries — Pour la station du chemin de fer : Voir : *Pont-de-l'Etoile*.

Etoile (L') — Chaîne de montagnes considérable comprise entre l'Arc, l'étang de Berre, la mer, l'Huveaune et la grande chaîne de la Sainte-Baume. Ce massif comprend : du côté d'Auriol : le chaînon de Garlaban et le chaînon du Régagnas — Entre le golfe de Marseille et l'étang de Berre ; le chaînon de l'Estaque ou de la Nerte — et entre l'Arc et l'étang de Berre, le chaînon de Vitrolles. — Les sommets les plus élevés se trouvent dans le massif central, ou chaînon proprement dit de l'Etoile, entre Marseille, Aubagne, Roquevaire et Gardanne ; ils se nomment : Mont Minet (758 m.), Pilon du Roi (712 m.), Castelas (675 m.), Garlaban (687 m.), N.-D.-des-Anges (546 m.) — Dans le chaînon du Régagnas : le mont Oouripo ou Olympe, au-dessus de Trets (898 m. et 760 m.) à la limite du département — Dans le chaînon de l'Estaque : la Nerte (275 m.) — Dans le chaînon de Vitrolles : le Signal de Rognac (220 m.).

Eygalières — Commune, 1,355 hab., cant. d'Orgon (8 kil.) arrond. d'Arles (36 kil.) — Altitude : 134 m. — Sur une colline isolée — Ancien nom : *Castrum de Aquiliis* (1206) Ruines du château; puits romain et sculptures antiques — Ruines d'un camp retranché nommé Château-Vieux — Ruines de l'aqueduc qui conduisait les eaux de Vaucluse (même commune) à Arles — Église Saint-Laurent (XIᵉ s.) — Céréales, huile d'olive — Carrières de pierres meulières; carrières de marbre.

Eyguières — Canton; 6 com.; 17,958 hect.; 7,458 hab. — Alleins — Aureille — Eyguières — Lamanon — Malemort — Vernègues (Le).

Eyguières — Commune, 2,771 hab., ch.-l. de cant. de l'arrond. d'Arles (37 kil.) — Altitude : 101 m. — Sur le versant oriental des Alpines et la lisière de la Crau — Ancien nom : *Aygairia* (1046) — Ruines du château; Belle église paroissiale Notre-Dame-des-Grâces (1783) — Blé, légumes, foin, fruits, bois — Bêtes à laine; laine, — Fabr. de quincaillerie et de lainages; moulins à huile, dévidage de soies, tuileries, savonnerie, carrières de pierres — *Foires* : 8 mai (2 jours), 13 juin, 2ᵉ dim. de septembre (2 jours), 25 novembre (2 jours, bêtes ovines) — Visiter aux environs : Restes du château féodal de Roquemartine; Chapelle de Saint-Vérédème.

Eyragues — Commune, 2,361 hab., cant. de Châteaurenard (5 kil. 500 m.) arrond. d'Arles —(34 kil.) — Altitude : 23 m. — Dans une belle plaine jadis couverte par les eaux — Ancien nom : *Ayraga* (1188) — Église fortifiée Saint-Maxime, attribuée aux Frères Pontifes de Bonpas (XIᵉ s.); Croix Roumiou — Nombreux canaux d'arrosage — Blé, légumes verts, foin, chardons, etc. — Moulins à blé et à huile, lavage de laines, moulinage de soies, triage de chardons — *Foire* : 27 novembre.

F

Fabregoules — Château moderne et quartier, 23 hab. com. de Septèmes (1 kil. 500 m.) cant. de Gardanne (14 kil. 500 m.) — Dans un vallon, à l'origine du ruisseau de Caravelle — Sur les bords d'une voie très ancienne qui a donné son nom au Pilon du Roi (*roi*) et sur l'emplacement d'une église antérieure au XIᵉ s. — Ancien nom : *Fabricolas* (1056).

Fabreguette — Canal de dessèchement du bassin des Baux, com. d'Arles.— Cours : 1,730 m.

Fabres (Les) — Hameau , 13 hab., com. de Mimet, cant. de Gardanne.

Fabres (Les) —Hameau, quartier des Accates, com. et 6ᵉ cant. de Marseille (12 kil.) — Sur le chemin de grande com. nᵒ 11 — Origine : Bertrand *Fabre*, propriétaire (XVᵉ s.)

Fabriques (Les) — Hameau, 66 hab., com. de Jouques (600 m.) cant. de Peyrolles (4 kil. 500 m.) — Papeterie — Sur le Riaou.

Fangas (Le) — Hameau, quartier de Sainte-Marguerite, com. et 5ᵉ cant. de Marseille (6 kil. 300 m.) — Carrières de pierres.

Fangas (Les) — Hameau, com. de Maussane (4 kil.) com. de Saint-Remy (12 kil.) — Dans un vallon, entre le Calan et le Mas-de-Fléchon.

Fangassier (Le) — Etang, en Camargue, com. d'Arles (32 kil.)

Faraman — Voir : *Saint-Trophime.*

Faraman — Etang, com. d'Arles (41 kil.) — Longueur : 3,500 mètres.

Faraman — Phare, sur le bord de la mer, en

Camargue, com. et cant. Ouest d'Arles (32 kil.) — Élévation : 38 mèt. ; portée : 18 milles ; Feu fixe de 1er ordre — Construit en 1833, ce phare, battu par la mer, sera prochainement abandonné.

Fare (La) — Voir : *La Fare*.

Farges (Les) — Hameau, 23 hab., com. et cant. de Trets (3 kil. 500 m.) — Sur la rive gauche de l'Arc et la limite de Peynier.

Faubourguette — Canal de vidange, com. du Paradou — Cours : 1,852 mètres.

Fauge (Le) — Ruisseau — Se forme au-dessous du Pic de Bretagne, reçoit en partie la source de Saint-Pons, traverse la com. de Gémenos et se jette dans l'Huveaune, près d'Aubagne — Cours :9,000 m.

Fave (La) — Hameau, 93 hab., com. d'Allauch (3 kil. 500 m.) 6e cant. de Marseille (12 kil. 600 m.) — Dans un vallon, sur la route nationale n° 8 *bis* et le Jarret — Conf. de couvertures piquées.

Favary — Hameau, com. de Rousset (3 kil. 500 m.) Sur la route dép. n° 20 — Ancien prieuré de Saint-Victor.

Fedons (Les) — Hameau, com. et cant. de Lambesc (2 kil.) — A 1 kil. du Canal de Marseille.

Feissiniers (Les) — Hameau, 39 hab., com. de Labarben (1 kil. 600 m.) cant. de Salon (6 kil. 500 m.) — Sur la Touloubre.

Féraud — Hameau, com. de Cornillon (1 kil. 200 m.) cant. de Salon (10 kil.) — Altitude : 70 m. — Entre Confoux et Cornillon.

Figarolle — Hameau, 17 hab., com. de Gignac (1 kil.) cant. de Martigues (17 kil.) — A 200 m. de la route départ. n° 12.

Figasson — Hameau, 32 hab. com. de Simiane

(3 kil.) cant. de Gardanne (2 kil. 500 m.) — Sur la limite de Gardanne.

Féline — Château ruiné, com. du Puy-Sainte-Réparade (5 kil. 500 m.) — A 1 kil. au Sud du Puy-Saint-Canadel — Ancienne possession des archevêques d'Aix qui leur donnait le titre de marquis.

Féline — Chaînon de montagnes, ramification de la Grande-Trévaresse — Sommet 520 m.

Figons — (Les) — Hameau. 78 hab., com. d'Éguilles (3 kil.) cant. Sud d'Aix (8 kil.) — Sur la limite d'Aix. — Restes d'un monastère dit *Les Mourgues* (1 kil. au S. com. d'Aix).

Figons (Les) — Hameau. com. d'Allauch (2 kil.) 6° cant. de Marseille.

Figuière (La) — Hameau, com. de Mouriès (1 kil. 400 m.) cant. de Saint-Remy (7 kil. 800 m.) — Sur le chem. de gr. com. n° 5.

Flèche (La) — Roubine, com. d'Arles — Cours : 1.962 m.

Fléchons (Les) ou **Mas des Fléchons** — Hameau, com. de Maussane (5 kil. 200 m.) cant. de Saint-Remy (14 kil.) — Sur la limite de Mouriès.

Folie (La) — Hameau et quartier, 48 hab. com. de Carri-le-Rouet (5 kil.) cant. de Martigues (9 kil.) — Sur le chemin d'intérêt commun n° 15.

Fondacle — Hameau, quartier de Saint-Julien, com. et 6° cant. de Marseille (7 kil. 600 m.) — Fours à chaux.

Fondacle — Ruisseau qui coule des collines Nord-Est de Saint-Julien, com. de Marseille et se perd dans le Jarret, près de la Rose.

Fond du Pré (Le) — Hameau, 94 hab., com. de Jouques (5 kil.) cant. de Peyrolles (10 kil.) — Alti-

.tude : 352 m. — A 2 kil. de la limite du Var, sur le versant septentrional du Grand-Sambuc.

Fonscolombe — Château, com. du Puy-Sainte-Réparade (5 kil.) cant. de Peyrolles (12 kil.) — A 2 kil. du Puy-Saint-Canadet.

Fontaine d'Ivoire (La) — Source curieuse, com. et quartier de Mazargues (3 kil. 400 m.) 5e cant. de Marseille (9 kil. 700 m.) — Au nord du massif de Marseilleveire — Nom véritable : *Font de Voire*.

Fontainieu — Château moderne, quartier de Saint-Joseph, com. et 4e cant. de Marseille (7 kil.) — Au pied du massif de l'Étoile; site chanté par Méry et Barthélemy. — Ancien nom : *Fontainils* (1290).

Fontanelle — Hameau, com. de Malemort (1 kil. 700 m.) canton d'Eyguières (14 kil.). — Altitude : 116 m. — Sur la route nationale n° 7.

Fontblanche — Château, com. de Roquefort (5 kil.) canton de La Ciotat (18 kil.). — Résidence jouissant d'une grande notoriété dans le canton. — Ancien nom : *Fons Blanqua* (14.6).

Font Cuberte — Hameau, com. de Venelles (2 kil. 500 m.) cant. Nord d'Aix 11 kil.) — Château moderne. — Sur la limite du Puy-Sainte-Réparade.

Font d'Arles — Hameau, com. et cant. de Lambesc (1 kil. 500 m.) — A 500 m. de la route nationale n° 7.

Font de Marthe ou de Malthe — Hameau, com. et cant. d'Orgon (3 kil.) — Altitude : 80 m. — Sur le canal des Alpines.

Font-Marignane (La) — Ruisseau — Commence dans la com. de Marignane, met en mouvement deux moulins et se perd dans la Cadière. — Cours : 2 kil.

Font-Rousse — Hameau, com. et cant. Nord d'Aix (8 kil.) — Sur le canal du Verdon, branche de la Trévaresse.

Font-Sainte — Source intermittente, com. de La Ciotat, près du bord de la mer. — Ruines du couvent des Pères de Notre-Dame-de-Lorette qui s'y étaient établis en 1621.

Fontvieille — Commune, 2,565 hab., cant. Est d'Arles (10 kil.) — Altitude : 20 m. —Au pied des dernières ramifications Sud-Ouest des Alpines — Ancien nom : *Fons vetus* (1400) — Eglise Saint-Pierre-ès-Liens (1695)— Blé, garance, huile, bois — Moulin à huile, carrières de pierres, mine de fer — Aux environs : Ruines des châteaux de Montpahon et d'Auge ; Ancienne chapelle de Saint-Victor —Aux Forges : Bas-relief taillé dans le roc, représentant un autel votif, sur lequel on voit un taureau destiné au sacrifice.

Fontvieille — Station du chemin de fer d'intérêt local d'Arles (8 kil. 262 m.) aux carrières de Fontvieille (1 kil. 802 m.)—Altitude : 11 m. 80 c.

Fontvieille — Carrières — Terminus du chemin de fer d'intérêt local d'Arles (10 kil. 067 m.)

Foraine (La) — Hameau , 97 hab., com. de Cabriès (1 kil.) cant. de Gardanne (8 kil.) — Sur un plateau.

Fos—Commune, 1,040 hab.. cant. d'Istres (10 kil.) arrond. d'Aix (48 kil.) — Altitude : 34 m. — Sur un rocher, entre les marais, l'étang de l'Estomac et le canal d'Arles à Bouc. — Origine du nom : *Fossæ Marianæ* (Les fossés de Marius, 102 ans avant Jésus-Christ). — Restes du château-fort élevé sur des fondations romaines. — Eglise Saint-Sauveur (XIII° s.) — Chapelle l'Assomption (XIV° s.) — Blé, joncs de marais (bauque) — Sel marin, tourbe, produits chimiques (Plan d'Aren) — Gibier d'eau.

Fossé-Meyrol (Le) — Roubine d'arrosage, com. d'Arles et d'Eyguières — Allant de Roquemartine à l'étang de Dezeaumes — Cours : 7,788 m.

Four-de-Buze (Le) — Hameau, quartier de Sainte-Marthe, com. et 4ᵉ cant. de Marseille (6 kil. 600 m.) — Four construit par un nommé Buze, en 1720. — Maison-mère des Trinitaires-déchaussées de Sainte-Marthe (1845).

Fourgon-Fossé (Le) — Roubine, com. de Saint-Remy — Cours : 2,773 m.

Fourneaux — Etang, com. des Saintes-Maries (9 kil.)

Fournelet (Le) — Etang, com. des Saintes-Maries (20 kil.)

Foux (La) — Marais très étendus, à l'Ouest de Fos — Tourbières.

Franques (Les) — Roubine, com. de Maillane — Cours : 4,500 m.

Frères (Les) — Hameau, 28 hab., com. de Simiane (3 kil.) cant. de Gardanne (8 kil.) — Altitude : 375 m. — A 200 m. des ruines du château de Venel.

Frigolet — Voir : *Saint-Michel de Frigolet.*

Frioul (Le) — Port de quarantaine, créé en 1822, entre l'île de Ratoneau et l'île de Pomègue, îles dites de Marseille. — Lazaret ouvert en 1850.

Fumemorte — Canal de vidange occupant un ancien lit du Rhône, com. d'Arles. — Cours : 3,120 m. — Origine du nom : *Flumen mortuum* (fleuve mort et non Femme morte).

Fuveau — Commune, 3,069 hab., cant. de Trets (11 kil.) arrond. d'Aix (13 kil.) — Altitude : 283 m. — Sur un coteau, à 1 kil. 400 m. de la route nationale n° 96 — Ancien nom : *Afuellum* (1059) — Eglise Saint-Michel (1600) — Blé, légumes — Chaux hydrauliques, scierie mécanique. fabr. d'eau-de-vie. — Exploitation de mines de lignites. — *Foire :* 11 septembre.

G

Gadelonne — Ruisseau, quartier des Accates-les-Camoins, com. et 6ᵉ cant. de Marseille. — Se perd dans le ruisseau de Carpourière. — Anciens noms : *Lona* et *Alonna* (XIVᵉ s.)

Gageron — Hameau, dans la Camargue, com. et cant. Ouest d'Arles (9 kil.) — Chapelle.

Gages (Les) — Hameau, com. d'Allauch (3 kil.) 6ᵉ canton de Marseille (13 kil.) — Origine du nom: *Michel* dit *Gage* (1717).

Gaillet de Chevalière — Roubine, com. de Tarascon. — Cours : 3,250 m.

Gais (Les) — Hameau, com. du Puy-Sainte-Réparade (300 m.), cant. de Peyrolles (13 kil. 500 m.)

Galabert — Etang, en Camargue, com. des Saintes-Maries (14 kil.)

Galavardes — Etang, en Camargue, com. d'Arles (15 kil.)

Galéjon — Hameau, 40 hab., com. de Fos (8 kil.) cant. d'Istres (18 kil.) — Sur l'étang de ce nom — Saline.

Galéjon (Le) — Etang, com. de Fos et com. d'Arles. — Longueur du Nord au Sud, 6 kil. ; largeur moyenne, 1 kil. — Anciennement embouchure ou dégorgeoir des *Fossæ Marianæ*, sauf les modifications apportées par les alluvions du Rhône pendant vingt siècles.

Galère (La) — Etang, en Camargue, com. d'Arles (44 kil.)

Galinière (La) — Hameau, com. de Châteauneuf-le-Rouge (1 kil.) cant. de Trets (11 kil.) — A 1 kil. de la route nationale nᵒ 7. — Ancien chef-lieu d'une commune réunie à Châteauneuf, en 1819.

Garaudau — Hameau, com. et cant. de Lambesc (4 kil.) — Près de Valmousse, à 500 m. de la route dép. n° 14.

Gardanne. — Canton; 7 communes; 18,547 hect.; 10,819 hab. — Bouc-Albertas — Cabriès — Gardanne — Mimet — Pennes (Les) — Septèmes.

Gardanne — Commune, 3,062 hab., ch.-l. de cant. de l'arrond. d'Aix (11 kil. 400 m.) — Altitude : 229 mètres — Sur un coteau, à l'extrémité des collines de Cativel, sur les bords du ruisseau de Saint-Pierre. — Église paroissiale Saint-Pierre (XVI° s.) — Hôtel-de-Ville; Hospice. — Légumes verts, pommes de terre, foin, tabac. — Minoteries, briquetteries, fab. de ciment — Exploitation de lignites — *Biogr.* Claude de Forbin de Janson (1733) — *Foires :* 14 février, lundi suivant le 2° dimanche d'août.

Gardanne — Station du chemin de fer de Marseille (18 kil.) à Pertuis (43 kil.) — Altitude : 205 m. 40 c. — Touche à la ville.

Gardiole — Chaînon de montagnes s'étendant de Cassis au cap Croisette et se rattachant à la chaîne de Roquefort — Les sommets sont : Tête de Puget (548 mètres), Marseilleveire (440 mètres), Gardiole (294 m.) — Origine du nom : *Guardia*, garde — Ancien nom : *Gardiola* (1278).

Gardy (La) — Montagne, chaîne de Roussargue dominant Roquevaire et le vallon de Saint-Vincent — Improprement : N.-D.-de-la-Garde.

Garenne (La) — Hameau, 80 hab., com. de Mézoargues, cant. de Tarascon.

Gargonis (Les) — Hameau, 140 hab. (avec la Pounche), com. d'Allauch (2 kil.) 6° cant. de

Marseille (8 kil. 700 m.) — Origine du nom : *Gargoni* Olive, prop. (1659).

Garlaban — Montagne considérable de la chaîne de l'Étoile, com. d'Aubagne. — Altitude : 687 m.— Grotte et ruines d'habitations au sommet. — Ancien nom : *Guarnabam* (1056). — Origine : *Guardia* et *Baou*.

Gaults — Roubine, com. de Maillane et de Saint-Remy. — Cours : 1,191 m.

Gaussier — Montagne, chaine des Alpines, com. de Saint-Remy.

Gavotte (La) — Hameau, com. de Rousset (3 kil. 500 m.) cant. de Trets (10 kil. 500 m.) — A 1 kil. au Nord de l'Arc.

Gavotte (La) — Village, 337 habit., com. des Pennes (6 kil.), cant. de Gardanne (14 kil.) — — Sur la route départementale n° 1. — Eglise moderne du style roman.

Gaye — Hameau, com. de Venelles (4 kil.), cant. Nord d'Aix (7 kil.). — Près de la chapelle Sainte-Anne.—A 500 m. de la limite de Saint-Marc.

Gayet (Le) — Roubine, com. de Tarascon — Cours : 6,800 m.

Gaze (La Grande et La Petite). — Etangs, com. des Saintes-Maries.

Gémenos — Commune, 1,534 hab., cant. d'Aubagne (5 kil), arrond. de Marseille (22 kil.) — Altitude : 148 m. — Au pied des montagnes du chaînon de Roussargue, à l'extrémité de la plaine d'Aubagne. — Origine du nom : *Montes geminæ* (Roque Fourcade); Ancien nom : *Villa de Germinis* (984) — Eglise Saint-Martin (1785); — Château élevé par la famille d'Albertas (XVII⁰ s.) — Parc, belles eaux — Blé, foin, huile d'olive, figues, amandes, bois de pin. — *Fabriques* de ciment, de papier, de carton, de tan ; minoteries, scieries de bois. — *Foires :* 24 juin (autrefois à Saint-Jean-de-Garguier), 11 novembre. — *Visiter :* Le vallon de Saint-Pons, les ruines du vieux Gémenos, l'Abbaye de Saint-Pons ; — Sites pittoresques, ombrages, eaux vives. — Voir aussi : *Saint-Pons.*

Gibes — Faubourg, 1,238 hab., com. et 4ᵉ cant. de Marseille (2 kil. 800 m.) — Ancien nom : *Gibas* (1280) — Usines diverses.

Gilets (Les) — Hameau, 17 hab., com. de Gréasque, cant. de Roquevaire.

Gignac — Commune, 887 hab., cant. de Martigues (16 kil.) arrond. d'Aix (25 kil.) — Cette commune se compose de plusieurs hameaux peu importants et d'un village appelé *Maisons-Neuves.* — Voir ce mot — Église Saint-Michel — Le véritable Gignac consiste en un château en ruine du IXᵉ s. et une église romane de Saint-Michel, du XIIᵉ s., attribuée aux Templiers, au sommet d'une colline (Altitude, 118 m.) — Blé, légumes secs — Préparation d'olives vertes.

Gignac — Station du chemin de fer (d'intérêt local) du Pas-des-Lanciers (2 kil. 457 m.) à Martigues (16 kil. 463 m.) — Altitude : 33 m.

Gimeaux — Canal de dessèchement, com. d'Arles. — Long. 4,690 m.

Ginasservi — Montagne, chaînon du Grand-Sambuc, ramification de Sainte-Victoire.

Ginès — Étang, com. des Saintes-Maries (4 kil.).

Gineste (La) — Montagne, chaînon de Saint-Cyr, com. de Marseille — Altitude : 327 m.

Giraud-Salin — Hameau, dans la Camargue, sur l'étang du même nom, com. et cant. Ouest d'Arles (35 kil.) — Saline importante créée en 1856 ; fabr. de produits chimiques — Mouvement commercial avec Arles assez considérable — Service régulier de bateaux à vapeur sur le Rhône.

Giraud — Roubine, en Camargue, com. d'Arles — Cours : 5 kil.

Gleise — Barre de rochers, parallèle à l'Arc, chaîne de Sainte-Victoire.

Gloria — Etang, commune de Fos (8 kil.) — Communique avec la mer et se trouve coupé par le canal de navigation de la Tour Saint-Louis à l'anse du Repos.

Gloria — Hameau, 66 hab. com. de Fos (9 kil.) cant. d'Istres (19 kil.).

Gobelet — Hameau, com. de Tarascon (1 kil. 300 m.), — Sur le canal de Vigueirat.

Goirands (Les) — Hameau, com. du Puy-Sainte-Réparade (1 kil. 400 m.) cant. de Peyroles (11 kil. 600 m.) — Sur le chem. de gr. com. n° 4.

Gorgues (Les) — Etang, com. des Saintes-Maries (9 kil.).

Gorguettes (Les) — Hameau, com. d'Auriol (6 kil.) cant. de Roquevaire (7 kil.) — A 500 m. de la route dép. n° 96 (Section de la Bouilladisse).

Goudes (Les) — Port naturel, au-dessous du cap Croisette, com. et 5ᵉ cant. de Marseille (12 kil.) — L'*Immadras positio* de l'Itinéraire d'Antonin — Fabrique de produits chimiques, raffinerie de soufre, affinage de plomb.

Gourgoulons (Les) — 25 hab., com. de Ventabren (2 kil. 500 m.) cant. de Berre (17 kil.) — Sur le canal de Marseille.

Gournaux (Les) — Hameau, 14 hab., com. de Gréasque (2 kil.) cant. de Roquevaire (12 kil.)

Gradule — Nom employé, mal à propos, par la *Statistique des Bouches-du-Rhône*, à la place du nom véritable de *Gardiole*.

Gouste-Soulet — Hameau, 38 hab., com. de Fuveau (3 kil.) cant. de Trets (14 kil.) — Altitude : 375 m. — A 2 kil. de la route nationale n° 96.

Graffin ou **La Graffine** — Hameau, 38 hab., com. et cant. de Trets (1 kil.) — Altitude : 277 m. — Sur le versant septentrional du Régagnas.

Grand'Bastide (La) — Hameau, 26 hab., com. de Cornillon (2 kil.) cant. de Salon (9 kil.) — Altitude : 69 m. — Entre le chem. de gr. com. n° 4 et le canal de Crapponne.

Grand'Bastide (La) — Hameau, 84 hab., com. de Fuveau (3 kil. 500 m.) cant. de Trets (12 kil.) — La principale habitation qui porte le nom de *Château* est à 100 m. de la gare du chemin de fer (La Barque-Fuveau) à 1 kil. de la route nat. n° 96.

Grand-Béal (Le) — Canal créé pour l'usage exclusif de la com. de Marseille. Commence au pont de la Reynarde et finit près du Château Borély. L'excédant des eaux prises à l'Huveaune retourne à cette rivière, après avoir arrosé une grande partie de la vallée de l'Huveaune et mis en mouvement une quinzaine d'usines diverses — Cours : 12 kil.

Grand-Clos (Le) — Roubine, com. de Mollégès. — Cours : 2,600 m.

Grand-Coté (Le) — Hameau, 18 hab., com. de Beaurecueil (1 kil.) cant. de Trets (16 kil.) — Séparé du suivant par la limite du Tholonet.

Grand-Coté (Le) — Hameau, 23 hab., com. du Tholonet (1 kil.) cant. Sud d'Aix (6 kil.) — Voir l'article précédent.

Grande-Bastide (La) — Belle hab., quartier de

Saint-Dominique, com. et 6me cant. de Marseille (6 kil. 700 m.) — Ancienne bastide du consul Charles de Casaulx (XVIe s.) et du poète Barthélemy. — Magnifique point de vue.

Grande-Bastide (La) — Belle propriété, quartier de Mazargues, com. et 5me cant. de Marseille (6 kil.) — Ancienne bastide du roi René — Prés, légumes verts.

Grande-Pugère (La) — Hameau, 38 hab,, com. de Trets (4 kil. 500 m.) — Sur la route nat. n° 7 — C'est là que le consul romain Marius extermina les Ambrons (102 av. J.-C.)

Grande-Ravine (La) — Roubine d'arrosage, com. d'Eyguières — Cours : 980 m.

Grande-Roubine (La) — Roubine principale des com. d'Eyragues, Maillane, Saint-Remy et Tarascon — Cours : 8,650 m.

Grandes-Bastides (Les) — Hameau, quartier d'Éoures, com. et 6me cant. de Marseille (13 kil. 500 m.) — Primeurs.

Grandes-Drailles (Les) — Roubine, com. de Maillane — Cours : 650 m.

Granettes (Les) — Hameau, 23 hab., com. de Gignac (500 m.) cant. de Martigues (16 kil. 100 m.) — Entre le chemin de fer et la route dép. n° 12.

Grand-Quartier (Le) — Hameau, coin. et cant. de Châteaurenard (4 kil.) — Sur le ch. de gr. com. n° 9.

Grand-Mar (La) — Vaste marais, en Camargue, com. d'Arles. — Étendue approximative : 5 kil. du Nord au Sud et 8 kil. de l'Est à l'Ouest.

Grand-Mas (Le) — Hameau, com. de Barbentane (1 kil. 500 m.) cant. de Châteaurenard (10 kil.) — A 500 m. du Rhône.

Grand-Pré (Le) — Hameau, 41 hab., com. de la Destrousse (1 kil. 500 m.) cant. de Roquevaire (4 kil. 500 m.) — A 500 m. de la route nat. n° 96.

Grands-Louis (Les) — Hameau, 93 hab., (avec la Fave), com. d'Allauch (2 kil. 500) 6ᵐᵉ cant. de Marseille (13 kil.) — Sur la route nat. n° 8 *bis*.

Grand-Vallat (Le) — Ruisseau — Se forme au-dessous du Pilon du Roi, traverse les com. de Simiane et de Gardanne et se jette dans l'Arc.

Grand-Vallat (Le) — Ruisseau. — Voir : *La Cadière*.

Grans — Commune, 1,957 hab., cant. de Salon (4 kil. 500 m.) arrond. d'Aix (28 kil.) — Altitude . 49 m. — Sur la Touloubre — Ancien nom : *Castrum de Grans* (1223) — Eglise Saint-Pierre-ès-Liens (XVIIᵉ s.) — Amandes, huiles, cuirs, laines, garance, fruits — Fab. de soie et de cadis, machines pour minoteries, moulins à farine et à huile — Visiter : le Vallon des Prés.

Grans — Station du chemin de fer de Miramas (9 kil.) à Cavaillon (27 kil.) — Altitude : 68 m. 50 — Distance du village : 2,300 m.

Grassette — Hameau, com. de Mezoargues, cant. de Tarascon.

Graveson — Commune, 1,600 hab., cant. de Châteaurenard (8 kil.) arrond. d'Arles (28 kil.) — Altitude : 40 m. — Dans une riche plaine, au Nord-Ouest de la Montagnette — Origine du nom : *Cravus*, Crau — Ancien nom : *Villa Gravisonis* (1038). — Eglise la Nativité, remarquable, avec clocher à flèche pyramidale de 18 m., construite par les Frères-Pontifes de Bonpas (1198) — Chapelle du Saint-Sépulcre (1470) — Blé, garance, chardons, foin, mûriers, légumes verts. — Moulins à blé, moulinage de soie, filat. de cocons, fabr. de rouets pour filatures.

Graveson — Station du chemin de fer de Marseille (109 kil.) à Avignon (12 kil.) — Altitude : 12m. — Distance du village : 1,800 m.

Graveson — Roubine, com. de Graveson — Cours : 2,500 m.

Gréasque — Commune, 854 hab., cant. de Roquevaire (13 kil. 290 m.) arrond. de Marseille (31 kil.) — Altitude : 322 m. — Sur un plateau peu fertile — Ancien nom : *Grezasca* (1026) — Église Saint-Jacques-le-Majeur (1846) — Blé, légumes secs, bois — Extraction de lignites.

Gréou (Le) ou **Gréoux** — Hameau, 32 hab., com. de Maussane (2 kil.) cant. de Saint-Remy (11 kil.) — A 1 kil. du chem. de gr. com. n° 9.

Grès (Le) ou **Galevardes** — Roubine, com. de Barbentane — Cours : 2,200 m.

Griffon (Le) — Hameau, com. de Vitrolles (3 kil. 800 m.) cant. de Berre (15 kil.) — A la jonction des routes départ. nᵒˢ 1 et 6.

Grille — Roubine, en Camargue, com. d'Arles.

Grille — Etang, en Camargue, com. des Saintes-Maries.

Guigues (Les) — Hameau, 114 hab., com. de Lafare (1 kil.) cant. de Berre (9 kil.) — Sur la route dép. n° 7.

Guirans (Les) — Hameau, 29 hab., com. et cant. d'Istres.

H

Hautes-Bastides (Les) — Hameau, 71 hab. l'une des deux agglomérations de Belcodène, cant. de Roquevaire (33 kil.) — Voir: *Belcodène.*

Haut-Libran (Le) — Hameau, com. de Lambesc (3 kil.) — Sur la route nat. n° 7.

Hauture (L') ou **Auture** — Hameau, com. de Mouriès (500 m.) cant. de Saint-Remy (12 kil.)—Sur le chem. d'intérêt com. n° 20.

Héritage (L') — Hameau, com. du Rove (500 m.) cant. de Martigues (26 kil. 500 m.)—Altitude: 204 m. — A 500 m. du chem. d'intérêt com. n° 15.

Hermites (Les) — Hameau, 24 hab., com. de la Destrousse (1 kil.) cant. de Roquevaire (3 kil. 500 m.) — A 300 m. de la limite de la Destrousse.

Huveaune (L') — Fleuve côtier.— A ses sources un peu au-dessus de Saint-Zacharie (Var), traverse ce village, coupe Auriol, reçoit le Merlançon, puis le Vède, arrose Roquevaire, reçoit le Fauge, passe à Aubagne, sous les murs de l'ancien château, ensuite à la Penne et pénètre dans le territoire de Marseille où elle arrose Saint-Menet, Saint-Marcel, Saint-Loup, la Pomme, reçoit le Jarret, passe ensuite devant Sainte-Marguerite, Saint-Giniez, le Château Borély et se jette dans la mer, à la plage du Prado. — Les eaux de la rivière dont le cours est de 36 kil. dans le département, sont constamment utilisées pour l'arrosage des terres et l'alimentation des usines et conduites dans des canaux qui portent le nom de *Béal* — Voir notamment: *Le Grand-Béal.*

I

Icard — Etang, dans la Camargue, com. des Saintes-Maries (4 kil.)

Iles d'Endoume ou Iles des Pendus — A 200 m. au Sud-Ouest de Malmousque, rade de Marseille.

Ilettes (Les) — Rochers-îlots, à 100 m. au Nord de Malmousque, rade de Marseille.

Ile-Verte (L') — Ilot fortifié, situé en avant du port de la Ciotat (1,100 m.)—Ancien nom : *Insula Torenti* (Ile de Torent ou de Tauroentun) (1) (1561).

Imberlines (Les) — Roubine de dessèchement, com. de Maussane — Cours : 1,900 m.

Impérial (L') — Etang, dans la Camargue, com. des Saintes-Maries. — Etendue : 6 kil. de l'Est à l'Ouest et 3 kil. du Nord au Sud.

Infernet (L'), la Grande-Rivière, le Tholonet ou la Cose — Ruisseau important, renommé pour son barrage de construction romaine, com. du Tholonet — A sa source près de Claps, com. de Vauvenargue, et se jette dans l'Arc à 2 kil. au Sud du Tholonet.

Isnard — Maison de campagne remarquable, de l'époque de la Renaissance, com. d'Eygalières, cant. d'Orgon.

Istres — Canton ; 4 com.; 37,329 hect.; 8,643 hab. — Fos — Istres — Saint-Chamas — Saint-Mitre.

Istres — Commune, 3,849 hab. ch.-l. de cant. de l'arrond. d'Aix (45 kil.)—Altitude : 35 m. —Sur les bords de l'étang de l'Olivier, au Nord-Ouest de l'étang de Berre — Ancien nom : *Castrum de Istrio* (963) — Sur l'emplacement de la colonie

Massaliète nommée *Astromela* (placée mal à propos par des savants au Cap d'Œil (*Capdolium*, capitale). — Eglise paroissiale Notre-Dame-de-Beauvoir (1711)—Restes de remparts du moyen-âge — (Vin), légumes, mûriers, huile, miel, nougat — Briquetteries, huileries, minoteries, fab. d'engrais, de produits chimiques, salines (de Rassuen). — *Biog.* Joseph-Charles de Régis (1777) — *Foires* : 3 février, lundi de Quasimodo, 1er dimanche après le 2 août, 15 et 16 novembre. — Visiter : Grotte de l'abbé de Régis et vallon où l'on voit un rocher taillé en forme de vaisseau, à la mémoire du Bailli de Suffren. — Tunnel faisant communiquer l'étang de l'Olivier avec celui de Berre.

Istres — Station du chemin de fer (d'intérêt local) de Miramas (10 kil.) à Port-de-Bouc (11 kil.).

J

Jaisses (Les) — Hameau, com. de Mezoargues, cant. de Tarascon.

Janet ou **Tour de Janet** — Hameau, com. et cant. de Lambesc (2 kil.) — Au pied du massif des Côtes.

Japon ou **Bras de fer** — Canal, tracé en partie dans un ancien lit du Rhône, en Basse-Camargue, com. d'Arles. — Commence au Grand-Rhône, à Chamonné, et finit à la mer. — Cours : 25 kil.

Jarre — Ilot, vis à vis la Grande-Côte, près de Riou, com. de Marseille — A 1 kil. de la côte.

Jarret (Le) — Ruisseau important recevant sur plusieurs points les excédants du canal de Marseille. — Se forme au-dessous de Pichauris, passe à la Bourdonnière, à la Rose, aux Chartreux, à la Blancarde, à Menpenti, traverse la gare du Prado, et vient se jeter dans l'Huveaune, au-dessous de Sainte-Marguerite, à 3 kil. 600 m. de Marseille. — Cours : 16 kil.

Jas (Le) — Hameau, com. du Vernègues (700 m.) cant. d'Eyguières (14 kil. 500 m.) — Principale agglomération de la commune.

Jasse (La) — Roubine de Méjanes, en Camargue, près du Petit-Rhône, com. d'Arles.

Jauvède (La) — Ruisseau, com. de Puyloubier — Se forme dans le massif de Sainte-Victoire, sert de limite au département du Var et se jette dans l'Arc, com. de Trets.

Javi (La) — Hameau, 30 hab., com. de Rognes (5 kil. 500 m.) cant. de Lambesc (5 kil.) — A 500 m. de Lambesc.

Jay (Le) — Cordon littoral qui sépare l'étang de

Berre de l'étang de Bolmon, com. de Marignane et de Châteauneuf-les-Martigues.—Plusieurs ouvertures le coupent ; une petite partie est cultivable. — C'est ce que des savants appellent la *Chaussée de Marius*.

Jean de Bouc—Hameau, 20 hab., com. et cant. de Gardanne.

Jolliette (La) — Hameau, 20 hab., com. de Charleval (2 kil.) cant. de Lambesc (9 kil. 500 m.) — A 1 kil. de la Durance.

Jouquet—Etang, dans la Basse-Camargue, com. d'Arles.

Jouques — Commune, 1,502 hab., cant. de Peyrolles (4 kil.) arrond. d'Aix (26 kil.) — Altitude : 264 m. — Sur la route départ. n° 3 *bis*. — Ancien nom : *Casirun de Jocis* (XII° s.) — Ruines du château (XIII° s.) — Eglise Saint-Pierre (1790) — Bois, seigle, blé, épautre, huile, chanvre. —Huileries, moulin à tan, fabrique de pipes, papeteries — *Foires* : Lundi après le 7 octobre (Porcs, brebis, chevaux et mulets) — Visiter : Chapelle et ermitage de Saint-Bâche; Chapelle de Sainte-Conrfosse, au sommet du Grand-Sambuc; Grottes dites Baume Lyonnaise et Baume de l'oie ; Lac de Couloublaou ; Source des Bouillidous et Aqueduc romain, à Traconade.

Jouques — Hameau, 42 hab., com. de Gémenos (2 kil. 500 m.) cant. d'Aubagne (4 kil.) — Sur la route nat. n° 8 — Au pied des montagnes de la chaîne de Roquefort. — Fabrique de colle-forte.

Jourdans (Les) — Hameau, com. de Châteauneuf-le-Rouge, cant. de Trets.

Joux — Hameau, 156 hab., com. d'Auriol (1 kil. 600 m.) cant. de Roquevaire (2 kil.) Sur la route dép. n° 3 et sur l'Huveaune — Ancien nom :

Vallis de Jorst (1275) — Minoteries, scieries — Joli site.

Joyeuse-Garde (La) — Canal de dessèchement des marais des Baux, com. d'Arles et de Mouriès — Cours : 1,600 mètres.

Julhans — Château moderne, com. de Roquefort (1 kil. 200 m.) cant. de La Ciotat (14 kil.) — Sur le chem. de gr. com. nº 1 — Visiter : Château ruiné, sur un rocher, et Chapelle romane Notre-Dame-de-la-Sècheresse, très-ancienne — Ancien nom : *Julans* (1030).

K

Keirié — Appelée aussi mal à propos Tour de César — Ancienne tour de signaux, sur le versant méridional du Grand-Sambuc, à la limite de Saint-Marc et de Vauvenargues et à 3 kil. au Nord de la route dép. nº 13.— Altitude : 482 m. — Bois.

Kierbon — Hameau, 31 hab., com. et cant. de Trets (4 kil.) — Altitude : 416 mèt. — Dans un pli du Régagnas.

L

Labarben — Commune, 320 hab., cant. de Salon (10 kil.) arrond. d'Aix (24 kil.) — Altitude : 114 m. — Au pied d'un coteau, au Nord du confluent de la Concernade et de la Touloubre. — Ancien nom : *Barbente* (1266) — Château remarquable de la famille de Forbin-Labarben, où l'on voit des constructions des Xe, XVe et XVIe s. — Eglise Saint-Sauveur (XIe s.) attribuée aux Templiers, mais défigurée en 1868 — Vastes bois, seigle, avoine — Résine, charbon de bois — Carrière de bel rouge, mine de fer — Site pittoresque, bosquets, eaux abondantes.

Labouaou ou **La Boou** — Hameau, 25 hab., com. de Ventabren, cant. de Berre.

Lafare — Commune, 1,176 hab. cant. de Berre (9 kil. 500 m.) arrondis. d'Aix (21 kil) — Altitude : 53 m. — Sur la route dép. n° 7. — Ancien nom : *Fara* (1328) — Ruines du Castelas ; Eglise la Transfiguration (XVIe s.) — Amandes, huile d'olive, soies — Huilerie, minoterie, lignites — *Biogr.* — Les deux Poujoulat, publicistes (1864 et 1880) *Foires* : 10 mai, 15 septembre.

Lafoux — Canal de dessèchement des marais des Baux, com. de Fontvielle — Cours : 2,820 m.

Laget (Les) — Hameau, 36 hab., com. d'Auriol (3 kil.) cant. de Roquevaire (7 kil. 500 m.) — Sur le versant septentrional du chaînon de Roussargues.

Lagoy — Hameau, com. et cant. de Saint-Remy (3 kil.) — Au pied de la petite Crau d'Eyragues, près du canal des Alpines — Ch.-l. de com. avant 1790 — Ancien nom : *Lagodunis* (XIe s.) — *Biogr.* Mainier marquis de Lagoy, numismate.

Lamanon — Commune, 438 hab., cant. d'Ey-

guières (5 kil.) arrond. d'Arles (42 kil.)—Altitude :
90 m. — Au pied du versant oriental des Alpines,
dans un large vallon appelé Trouée de Lamanon —
Nom de l'ancien château : *Allamanone* (1031) —
Village datant de 1745 — Eglise Saint-Denis (1786-
1826) — Château et parc de M. de Panisse (1660) —
Grains, légumes, amandes, fruits à noyau, — Porcs,
graines de vers à soie — A visiter : Au sommet de
la colline, le vallon de Calès où l'on voit des grottes
étagées taillées de main d'homme et percées d'un
grand nombre d'ouvertures, habitées avant et après
l'ère chrétienne ; Restes du château d'*Allamanone*
— Site le plus curieux et le plus intéressant de tout
le département. — Chapelle de Saint-Denis —
Ruines de Saint-Jean, près de Beauvezet.

Lamanon — Station du chemin de fer de Miramas (20 kil.) à Cavaillon (16 kil.) — Altitude :
112 m. 10 cent. — Distance du village : 500 m.

Lambeso — Canton : 6 com.; 21,761 hect.; 8,815
hab. — Charleval — Lambesc — Rognes — Roque-
d'Anthéron (La) - Saint-Cannat — Saint-Estève-
Janson.

Lambeso — Commune, 2,829 hab.. ch.-l. de cant.
de l'arrond. d'Aix (20 kil. 300 m.)—Altitude : 204 m.
— Dans une plaine, au bas du versant méridional
du massif des Côtes, sur la route nat. n° 7 —
Ancien nom : *Castrum de Lambrisco* (966) —
Eglise paroissiale l'Assomption ; Tour de l'horloge ;
Hôtel-Dieu — Blé, huile, amandes, foin, résine—Fab.
de chandelles, de limonade, d'eau-de-vie, de soie,
tuileries, carr. de marbre — *Biogr.* Saint Heldrad
(601) ; Faudran (1694) ; Reinaud (1867). — *Foires* :
6 janvier, 24 février, lundi de Pentecôte, 22 août,
19 septembre. — A visiter : Le plateau de Sainte-
Anne de Goiron, la chapelle de Sainte-Anne et les
grottes de la Balme.

Lancier (Le) — Hameau, quartier de Mazargues, com. et 5ᵐᵉ cant. de Marseille (6 kil.) — Origine: *Au Lancier*, auberge et cabaret.

Lançon — Commune, 1,663 hab., cant. de Salon (6 kil.) arrond. d'Aix (29 kil.) — Altitude ; 107 m. — Sur une colline dominant la vallée du canal de Crapponne — Ancien nom : *Lancenum* (1193) *Castellum de Allansone* — Restes de remparts et de tours datant de François 1ᵉʳ: Eglise Saint-Cyr et Juliette — Ancienne chapelle Saint-Cyr, dans le cimetière — Blé, huiles, amandes, kermès — Huileries, filat. de soie, fab. d'eau-de-vie et de toiles — *Foire* : 4ᵐᵉ samedi après Pâques — Visiter : le Rocher Rouge et les mines du retranchement gaulois, dit à tort *Constantine*.

Landre — Etang, au Plan-du-Bourg, com. d'Arles. — Long. : 4 kil. du Nord-Ouest au Sud-Est : communique avec l'étang de Galéjon.

Langlade — Canal d'arrosage, dans la Crau, com. d'Arles. — Cours : 32 kil.

Langesse — Hameau, 32 hab., com. du Tholonet (2 kil.) cant. Nord d'Aix (5 kil.) — Sur la route nat. n° 7 — Vin cuit.

Languilar — L'un des sommets de la chaîne de Roquefort, com. d'Aubagne et de Roquefort — Altitude : 309 m.

Lansac — Village, 400 hab., com. et cant. de Tarascon (5 kil.) — Sur le canal des Alpines Ancien nom : *Lancaicus* (1015) — Eglise l'Assomption, construite par les Templiers.

Lansac — Roubine, tracée dans l'ancien lit de la Duransole, com. d'Arles et de Tarascon.

Larameou — Etangs adjacents de 4 kil. de long sur 2 kil. de large, dans la Camarguette, com. des Saintes-Maries (11 kil.)

Larbière (La) — Etang, en Camarguette, com. des Saintes-Maries.

Lare (La) — Montagne boisée, com. d'Auriol. appartenant au chaînon de Roussargues — Altitude : 747 m.

Launes (Les) — Canal d'irrigation alimenté par Crapponne, com. d'Alleins (3 kil.) — Cours : 1,200 m.

Launes (Les) — Etang touchant les Saintes-Maries. — Longueur : 4 kil. du Nord au Sud.

Lascours — Village, 400 hab., com. et cant. de Roquevaire (3 kil.) — Sur les contreforts Sud de Garlaban — Eglise Saint-Jean l'Evangéliste (1875) — Légumes secs, céréales, fruits — Source sulfureuse dans le vallon de Gaudissard. — Visiter, dans le vallon de la Culasse: la grotte des *Ratos Pennados* où l'on a recueilli des ossements de l'époque préhistorique.

Laurade — Hameau, com. et cant. de Tarascon (5 kil.) — Altitude : 4 m. 56 cent. — Dans une plaine fertile — Ancien nom : *Villa Laurata* (1000) — Château ruiné des Templiers ; Eglise des Chevaliers de Saint-Jean-de-Jérusalem convertie en ferme — Voir : la *Mourgue*, statue colossale. ouvrage romain dans lequel les populations rurales ont cru reconnaître la représentation d'une religieuse (*monge*).

Laure — Hameau, 137 hab., com. de Gignac (2 kil.) cant. de Martigues (14 kil.) — Dans la plaine, à 600 m. de la route dép. n° 12.

Laurons — Hameau, com. et cant de Martigues (8 kil.) — Sur la côte. — Petit port de mer.

Lavalduc ou **Cappeau** — Hameau, 100 hab.. com. et cant. d'Istres (5 kil.) — Sur les bords de l'étang de ce nom.

Lavalduc — Etang très salé, com. d'Istres et de Fos, à 10 m. environ au-dessous du niveau de la mer. — Superficie : 380 hect. — Salines importantes. — Cet étang, aux premiers siècles de l'ère chrétienne communiquait avec la mer par l'étang d'Engrenier et formait le port de *Maritima Avaticorum.* — Voir : *Saint-Blaise.*

Lavignole — Etang converti en saline, com. et cant. Ouest d'Arles (28 kil.) — En Camargue. — Sur la rive droite du Rhône.

Lavoir (Le) — Roubine, com. d'Orgon et de Sénas. — Cours : 5 kil.

Lempe (La) — Hameau, com. et cant. d'Orgon.

Leouvé (Le) — Hameau, com. et cant. de Martigues (8 kil.) — A 2 kil. de la mer, à droite du chem. d'intérêt com. n° 15. — Origine du nom : *Eouvé* (prov.) chêne vert.

Lèque (La) — Ruines sans souvenirs historiques consistant en tombes et mur ancien, dans un vallon, au pied d'un baou ou plateau escarpé, com. d'Eygalières.

Lèque (La) — Quartier primitif de Port-de-Bouc, pris pour Port-de-Bouc lui-même, presque à l'extrémité du promontoire sur lequel s'appuie le môle garantissant la rade de Bouc. — Voir : *Port-de-Bouc.*

Lèques (Les) — Golfe ou baie dont la partie occidentale seulement appartient au département, sur une longueur de 8 kil., depuis La Ciotat jusqu'au cap Saint-Louis, à 300 m. du hameau des Lèques (Var.)

Libran (Le) — Hameau, com. et cant. de Lambecs (4 kil.) — Sur la route nat. n° 7.

Ligagneau (Le) — Vaste marais, dans le Plan-du-Bourg. com. d'Arles. — C'est là que l'on a placé mal à propos la ville de *Leonio* ou *Leon*. Leonio était où se trouve aujourd'hui l'étang de Lion, com. de Vitrolles — Voir : *Lion*.

Lingouste (La) — Chaînon de montagnes appartenant au Grand-Sambuc et à la grande chaîne de Sainte-Victoire, parallèle à la Durance. — Sommet : 508 m.

Lion — Etang — Surface de terres converties en marais salants, à l'Est de l'étang de Vaines et au Sud-Ouest du village de Vitrolles, com. de Vitrolles (2 kil.) — C'est sur les bords de cet étang que se trouvait une ville dont il ne reste plus aucune trace, mais dont l'existence est prouvée par de nombreuses chartes. C'est cette ville de Léon ou Lion qui a donné son nom au golfe que l'on appelle mal à propos *Golfe de Lyon* ou *du Lion* — Noms anciens : *Leonio* (822); *Villa Leonii* (841) ; *Villa Leguino* (845) ; *Leogno* (1070) ; *Leung* (1070) ; *Leon* (1528) ; *Lioneio* (1165) ; *Leuneio* (1371); *Liuneio* (1377);*Etang de Lyon* (1519); *Stagnum de Lyone* et *Stagnum Leonis* (1528)

D'autres points du département portent les noms de Lion; pour certains, les formes des appellations ressemblent à celle du golfe. C'est comme document que nous les insérons ci-après.

Lion (**Font de**) — Quartier du Canet, com. de Marseille — Anciens noms : *Font de Leu* (20 mars 1333): *Font de Léon* (24 décembre 1666); *Font du Lion* (20 septembre 1401).

Lion (Le) — Etang, com. des Saintes-Maries — Communiquant avec les Deux-Lionnes.

Lionnes (Les) — Quartier de la com. des Saintes-Maries.

Lionnes (Les deux) — Passage peu profond, à fond solide, entre les deux étangs de la l'ame et de

Boulin, com. des Saintes-Maries — Origine proba-
bles de ces derniers noms : *Lona*, lône, prononcé
à la mode catalane *Llona*.

Logis (Les) ou **Le Rove** — 123 hab., ch.-l. de la
com. du Rove — Voir : *Le Rove*.

Logis (Les)—Hameau, 173 hab., com. de Venelles (500 m.) cant. Nord d'Aix (8 kil.) — Sur la
route nat. n° 96.

Logis-Neuf (Le) — Hameau important, 153
hab., com. d'Allauch (2 kil.) paroisse de la Bourdonnière—Sur la route nat. n° 8 *bis* et le ruisseau
de Pichauris (Jarret).

Logis-Neuf (Le) — Hameau, 37 hab. com. du
Rove (1 kil. 200 m.) cant. de Martigues (27 kil.) —
Sur le chem. d'intérêt com. n° 15.

Logissons (Les) — Hameau, com. de Venelles
(3 kil.) cant. Nord d'Aix (6 kil.) — Sur la route
nat. n° 96.

Lone (La) — Hameau, com. de Boulbon, cant. de
Tarascon.

Lone (La) — Roubine. com. de Graveson —
Cours : 8,500 m.

Lone (La) — Canal de vidange débouchant dans
le Rhône, com. de Barbentane — Cours : 1,980 m.

Lonnes (Les) — Canal d'arrosage, com. d'Alleins
— Allant du canal de Boisgelin (pont de La Giotte)
au Pont-de-Crau — Cours : 12 kil.

Lonnes (Les) — Hameau, com. et cant. de
Châteaurenard.

Longues (Les) — Double roubine débouchant
dans le Réal, com. de Saint-Remy—Cours : 4,600 m.

Loube (La) — Roubine, com. de Maillane.

Louisiane (La) — Ile du Grand-Rhône, longue de 3 kil., en Basse-Camargue, com. d'Arles (27 kil.)

Luminy — Château moderne, quartier de Sainte-Marguerite, com. et 5me cant. de Marseille (11 kil. 300 m.) — A peu de distance de la Tête-de-Puget — Origine du nom : *Lumen*, appellation d'une ancienne vigie.

Luynes — Village, 600 hab., com. et cant. Sud d'Aix (6 kil.)—Altitude : 136 m.—Sur la route nat. n° 8 — Eglise Saint-Georges (1858).

Luynes — Station du chemin de fer de Marseille (23 kil.) à Pertuis (38 kil.) — Altitude : 161 m.

Luynes — Ruisseau — Voir : *Saint-Pierre.*

M

Ma Campagne — Hameau, com. et 4ᵉ cant. de Marseille (3 kil. 700 m.) — Sur le ruisseau de Plombière. — Ancien nom : *Plan de Campagne.*

Madets (Les) — Hameau, 94 hab., (avec les Mourgues) com. d'Allauch (2 kil.) — Altitude : 113 m. — Sur la route nat. nº 8 *bis.*

Madrague de la Ville (La) — Hameau, 1,457 hab., com. et 4ᵉ cant. de Marseille (4 kil. 500 m.) —Sur le bord de la mer—(Paroisse des Crottes)— Origine du nom : *Madrague établie par la Ville* (1633).

Madrague de Montredon (La) — Hameau, 601 hab., quartier de Montredon, com. et 5ᵉ cant. de Marseille (8 kil.) — Petit port ; fabriques de produits chimiques, affinage de plomb — Carrière de pierres de taille froides.

Maillane — Commune, 1,390 hab., cant. de Saint-Remy (7 kil.) arrond. d'Arles (28 kil.) — Altitude : 38 m. — Dans une vaste plaine, sur la Loube (roubine d'Eyragues) — Ancien nom : *Malhana* (1152) — Église Sainte-Agathe (1667) — réparée à neuf (1767) — Tour de 16 m. (1741) — Dans les archives, charte de l'année 1400, sur un rouleau de parchemin long de 3 mèt., sur 60 cent. de largeur. — Blé, foin, garance, chardons — Minoteries, filatures de soie, triage de chardons — *Foire* : 5 février.

Maïré — Ile, au Sud-Ouest, com. de Marseille, devant le Cap Croisette — Altitude : 135 m. — A 100 m. de la côte.

Maïré — Ruisseau artificiel, en double partie, servant d'écoulement aux Paluns, com. d'Aubagne.

Maison-Basse (La) — Château moderne, com.

du Vernègues (3 kil.) cant. d'Eyguières (12 kil.)
— A proximité se trouvent les ruines d'un remarquable temple grec d'ordre corinthien, récemment réparé. — Autel antique portant des figures mutilées de Jupiter, Neptune, Mercure et Minerve — Chapelle de Saint-Césaire (1048) attenant au temple. — Site très curieux et fort intéressant, au point de vue de l'archéologie.

Maison-Basse ou **Moulin-Rompu** — Ruisseau. com. de Vernègues.

Maisons-Neuves (Les) — Village, 332 hab. centre de la com. de Gignac, cant. de Martigues (16 kil.) — Altitude : 53 m. — Sur la route dép. n° 12, dans une plaine — Eglise Saint-Michel — Blé, amandes, huile — Préparation d'olives vertes à la picholine.

Maisons-Neuves (Les) — Hameau, 74 hab., com. de Meyrargues, cant. de Peyrolles.

Malacersis — Hameau, com. de Mouriès (5 kil.) cant. de Saint-Remy (17 kil.) — Au pied d'un coteau d'une altitude de 140 m. — A 1 kil. de la limite d'Aureille. — Sur les ruines de la ville présumée de *Terriciæ*.

Malaga — Roubine de dessèchement des marais des Baux, com. de Mouriès — Cours : 2,250 m.

Malagroy — Etang, attenant à ceux de Valcarès et de Mouro, com. des Saintes-Maries.

Malemort ou **Mallemort** — Commune, 2,130 hab., canton d'Eyguières (16 kil.) arrondis. d'Arles (53 kil.) — Altitude : 150 m. — Sur la pente d'un rocher. — A 500 m. de la Durance. — Ancien nom : *Podium Sanguinolentum*, la montagne ensanglantée (1099) — *Malamors* (1156) — Ruines du château des évêques de Marseille — Eglise Saint-Michel (1756) — Synagogue (XVI° s.)

— Grains, foin, légumes, melons, garance, chardons, mûriers. — Aux environs : Chapelle de Notre-Dame-du-Plan — Pont suspendu sur la Durance (emporté par les eaux le 21 octobre 1872 et non encore rétabli en 1880) — *Foires :* Dernier lundi de juin, 3 derniers jours d'Août.

Malanguen (Le) — Canal d'écoulement, com. d'Eyrargues. — Cours : 6,100 mètres.

Mallegal — Étang en Camarguette, com. des Saintes-Maries (12 kil.)

Malmousque — Hameau, com. et 5ᵉ cant. de Marseille (3 kil. 700 m.) — Sur un promontoire, entre deux petits ports naturels — Ancien nom : *Lumene Mosca* (1286).

Malpasset — Hameau, com. et 4ᵉ cant. de Marseille (4 kil. 200 m.) — Sur la route nationale n° 8 *bis.* — Ancien nom : *Malum passetum*, mauvais pas (1272)—Minoterie—(La légende du *mal passé* de René n'est qu'une fable ridicule)

Manaux (Les) — Hameau, com. et cant. de Roquevaire (3 kil.) — Dans le vallon de Gaudissard.

Manville — Château moderne, au pied du rocher des Baux, com. des Baux (3 kil.)—Ombrages, potagers importants, etc.

Margaillan — Hameau, com. et cant. Nord d'Aix (7 kil.) — Altitude : 289 m. — A 1 kil. 500 m. de la route nat. n° 7.

Marguerit ou **Marguery** — Hameau, com. de Malemort (2 kil. 800 m.) cant. d'Eyguières (19 kil.) — Sur la Durance.

Marignane — Commune, 2,048 hab., cant. de Martigues (14 kil.) arrond. d'Aix (25 kil.) — Altitude : 12 m. — Sur la Cadière, à 1 kil. de l'étang de Bolmon — Église Saint-Nicolas (1388); Château seigneurial des Covet où l'on montre la Chambre de Mirabeau — Blé, légumes secs — Moulins à farine et à huile, fabr. d'esprit et de limonade, carrières de pierres — Pêche, chasse au marais — *Foires* : 25 Avril, 25 Octobre — Aux environs : Chapelle Notre-Dame-de-Pitié où l'on voit un tableau d'Annibal Carache.

Marignane—Station du chemin de fer (d'intérêt local) du Pas-des-Lanciers (1,068 m.) à Martigues (13,852 m.) — Altitude : 7 m. 40 c. — Distance du village : 300 m.

Marseille — Chef-lieu du département des Bouches-du-Rhône — 318,868 hab. — Altitudes : Quais du port : 1 m. 80 ; Sanctuaire de N.-D.-de-la-Garde 150 m. — Premier port commercial de la Méditerranée, au fond d'un golfe formé au Sud par le chaînon de la Gardiole et au Nord par le chaînon de l'Estaque — Origine du nom : *probable* : phénicienne ; accréditée, mais nullement prouvée : *Mas Saliorum* (le Mas des Saliens) — Anciens noms : *Massalia* (grec) (410 av. J.-C.) *Ellénis Massalia* (grec) (335 av. J.-C.) MASSALIETON (d'après des monnaies antérieures l'ère chrétienne) ; *Massilia* (45 av. J.-C.) ; *Massilia Græcorum* (70 après J.-C.) ; *Masilie* (670) ; *Marsilia* (950) ; *Marcelie* (1136) ; *Marcellie* (1152) ; *Maselha* (1390) ; *Marcelho* (XVI° s.) ; *Marsio* (provençal).

Distances (en suivant les voies ferrées) : Paris : 863 kil. ; Bordeaux par Tarascon : 681 kil. ; Lyon : 352 kil. ; Nice : 225 kil. ; Cette par Tarascon : 205 kil. ; Aix : 29 kil. ; Arles : 86 kil.

Promenades : Allées de Meilhan (1774-1861) ; Château Borély (1768-1863) ; Chemin de la Corniche (1848) ; Colline Pierre-Puget (1850) ; Jardin du plateau de Longchamp (1849) ; Jardin Zoologique (1854) ; Prado (1842).

Edifices religieux : Les Accoules (1359, 1685, 1856) ; Calvaire (1820) ; Cathédrale nouvelle (1852, la construction continue); La Major (XIˢ.); Mission de France (1667); Notre-Dame-de-la-Garde (1853-1864); Notre-Dame-du-Mont (1823); Notre-Dame du Mont-Carmel (1603); Notre-Dame-du Saint-Rosaire (1876); Saint-Cannat (1619-1866); Saint-Charles (1827); Sainte-Marie-Madeleine (1633-1652); Saint-Ferréol (1542-1876); Saint-François-d'Assise (1863); Saint-Jean-Baptiste (1852); Saint-Joseph (1835-1864); Saint-Laurent (1249-1657); Saint-Lazare (1837); Saint-Martin (XVIˢ.); Saint-Michel (1864); Saint-Nicolas-de-Myre (1821); Saint-Philippe (1873); Saint-Pierre et Saint-Paul (1863); Saints-Adrien et Hermès (1857-1877); Saint-Théodore (1633); Saint-Victor (1309); Saint-Vincent de Paul (1855, la construction continue); Très-Sainte-Trinité (1825-1847) — Temple Israélite (1863); Temple Protestant (1823);

Édifices civils : Arc de triomphe (1823-1839); Bourse et Tribunal de Commerce (1852-1860); Château du Pharo (1858); Consigne (1717); Docks (1856-1863); Ecole Belsunce (1783); Ecole de médecine (1743-1875); Faculté des Sciences (1772); Gare du ch. de fer (1847); Halle Charles Delacroix (1803); Halle des Capucins (1839); Halle Puget (1672); Hôtel de la Banque (1748); Hôtel de la Préfecture (1861-1867); Hôtel des Postes (XVIIIˢ s.); Hôtel de ville (1653-1844); Hôtel Roux de Corse ou Cercle Artistique (XVIIIˢ s.); Lycée (1746-1875); Maison diamantée (XVIˢ s.); Manufacture des Tabacs (1867); Mont-de-Piété (1855); Observatoire (1865); Palais de Justice (1856-1862); Palais Episcopal (1875); Petit Séminaire.

Édifices militaires : Fort Saint-Jean (1447-1664) Fort Saint-Nicolas (1660); Caserne Saint-Charles (1863);

Bibliothèques et Musées : Ecole des Beaux-Arts, Bibliothèque et Cabinet des médailles (1864-1880); Musée d'Archéologie au Château Borély (1863); Palais de Longchamp (1864-1869);

Hôpitaux et Hospices : Hôtel-Dieu (1862-1865); Hospice de la Charité (1671-1729-1862); Hospice de la Conception (1852-1863); Asile des Aliénés (1843); Hôpital militaire (1848); Maison de Saint-Jean de Dieu (1852); Petites Sœurs des pauvres (1852).

Prisons : Maison d'arrêt (1852); Maison de correction (1864); Maison d'arrêt et de correction des femmes (1823); Dépôt de mendicité.

Cimetière Saint-Pierre (1854).

Etablissements Publics : Alcazar (1873); Grand-Théâtre (1786); Gymnase (1801); Théâtre-Chave (1842); Théâtre des Nations, ou Théâtre Vallette (1869); Folies Marseillaises (1879); Palais de Cristal (1880).

Navigation à voile et à vapeur (Moyenne) : Navires venant de l'étranger : 3,700; Navires venant des ports de France : 3,500.

Commerce (articles principaux) : Céréales, fers, fontes et aciers, graines oléagineuses, bois, fruits de table, sucres, plomb, bestiaux, coton en laine, laine, soufre, légumes secs, houille, café, fruits oléagineux, huiles d'olive, peaux, tabac, huile de pétrole, riz, vins, soies, tissus de coton, thé, matériaux de construction, sels, etc.

Industries principales : Savonneries, huileries, fabr. de tourteaux, minoteries, raffineries de sucre, tanneries, pêche, forges et hauts-fourneaux, fonderies de cuivre, de plomb, d'étain, fabr. de semoules et de pâtes alimentaires, fabr. de bougies, raffineries d'huile de pétrole, de soufre, briquetteries et tuileries, fabr. de vermout et de liqueurs, verreries, imprimeries et lithographies, fabr. de produits chimiques, de cordages, d'ouvrages en sparterie, de papiers, de chapeaux, de cartes, d'allumettes, etc.

Biographie : L.-A.-E. Achard (1875); Ch.-F. Achard (1809); Albouis (1809); L.-E. Arcère (1782); Z. Artaud (1753); L. d'Arvieux (1702); A. Aubert (1857); A.-J. Autran (1877); Ch. J.-M. Barbaroux (1793); Ch.-O. Barbaroux (1867); A.-M. Barthélemy

(1867); N.-Th. Barthe (1785); J.-F. de Bastide (1798);
N.-M. de Bausset (1767); M.-A. Bayle (1877); A.-P.
(1874); Bellot (1855); G. Bénédit (1870); P.-S. Berteaut
(1874); B. de Bonnecorse (1706); M.-H. Bounieu
(1814); C.-G. Bousquet (1862); J.-B.-N. Boyer (1768);
J.-B.-H.-R. Capefigue (1872); F. Cary (1754); Ch.
de Casaulx (1596); J.-L.-M. Castagne (1858); Stan.
Champein (1830); J.-A. Constantin (1844); A. Cra-
pelet (1867); J.-J. Dassy (1865); H.-V. Daumier (1879);
P.-A.-D. Della-Maria (1800); P. Demours (1795);
J.-N.-P. Dorange (1811); P.-A. Dulard (1760); Ch.
Chesneau Dumarsais (1756); A. Duparc (1743);
Françoise Duparc (1778); J.-B. Dupont (1748); M.
Engalière (1857); J.-B. Estelle (1723); Euthymènes
(325 av. J.-C.); J.-J. Espercieux (1840); A.-M. d'Ey-
mar (1803); J.-B.-B. Eyriès (1846); A.-F.-H. Fabre
(1853); A.-J.-E. Fabre (1870); Stan.-M.-C. Famin
(1853); Ch. Feau (1677); J.-F. Féraud (1807); P.-
F.-S. de Barrigue de Fontainieu (1850); T. de For-
bin-Janson (1713); E. Forcade (1869); A.-T.-J.-A.-
M.-M. de Fortia de Pilles (1826); Fouquet (1231);
J.-H. Garcin de Tassy (1878); E.-J.-L. Garnier-Pagès
(1841); L.-A. Garnier-Pagès (1878); J. Gauthier d'A-
goty (1785); Gennade (V* s.); P.-H. de Girard (1845);
Gniphon (114); R.-B.-M. de Gouffé de Lacour (1834);
L. Gozlan (1866); F.-O. Granet (1821); F.-T. Gros
(1748); J.-B.-B. Grosson (1800); E. Guinot (1861);
P.-A. Guys (1799); P.-A. Guys (1812); Ch. E. Guys
(1871); P.-M.-F.-H. Guys (1877); J.-G. Imbert (1749);
J.-B. Jourdan (1793); J. Julliany (1862); J. de Lacépède
(1622); L. Lagrange (1868); E.-F. de Lantier (1826);
V. Le Blanc (1640); A. Blanc dit Leblanc dé Guillet
(1799); J. Lemerre (1752); Leporius (440); Cl. Lion
(1704); A. Louet (1807); Fr. Malaval (1719); Fr.
Marchetty (1688); M.-A. Marin (1767); J. de Mas-
caron (1703); Fr.-B. Mazuy (1862); J. Méry (1866);
M.-A.-A. Michel (1867); C. Moreau (?); J.-R.-P.
Mouraille (1808); Moustiés (1751); L.-N.-V. de

Félix du Muy (1775); J.-Fr. de Noble la Lauzière (1806); Ch.-M. Olivier (1736); D.-L.-F. Papéty (1849); Cl.-E.-J.-P. de Pastoret (1840); P. Pau (1565); Paul de Saumur (1667); S.-J. Pellegrin (1745); A. Pellissery (1748); Petronius Arbiter (66); J.-A. Peyssonel (1759); Ch. Peyssonel (1757); L.-Ch. de Peyssonel (1790); P.-A. de Porrade (1782); B. Poucel (1869); J.-J.-E. Poutet (1858); P. Puget (1694); F. Puget (1707); Pythéas (350(?)av. J.-C.); Quirinalis (1ᵉʳ s.); D. Raymond (1754); M.-B. Régis de la Colombière (1871); P.-Fr. de Rémusat (1803); J.-Ch. Reybaub (1864); P. Reynier (1856); L.-G. Ricard (1873); J.-P. Rigord (1727); E.-J. de Rome (1748); J.-P. de Rome (1779); A. de la Roque (1744); J. de la Roque (1745); P.-J. Roussier (1790); G. de Roux (de Corse) (1792); J.-L.-Fl.-P. Roux (1833); P.-M. Roux (1864); N. Roze (1733); A. de Ruffi (1689); L.-A. de Ruffi (1724); G. de Saint-Jacques-Sylvabelle (1801); A.-Fr.-X. Sauvaire-Barthélemy (1875); M. Serre (1733); Saint Théodore (VIᵉ s.); J.-E.-B. Tocchi (1856); Fr.-J.-B. Topino-Lebrun (1801); H. d'Urfé (1625); Valerius Cato (1ᵉʳ s.); N. de Vento (1792); J.-M. Venture de Paradis (1799); B. de Vias (1667); Saint Victor (303); L.-J. Vidal (1873).

Foires : Saint-Lazare, 31 août (15 jours); Saint-Jean, 24 juin (3 jours); des Santons, 10 décembre (25 jours); des Arbres, 15 février (3 jours); 1ᵉʳ Décembre (3 jours).

Marseilleveire — Montagne, chaîne de la Gardiole, com. de Marseille — Altitude : 397 m.

Martégaux (Les) — Hameau, 150 hab., quartier de Saint-Julien, com. et 6ᵉ cant. de Marseille (7 kil. 200 m.) — Sur un coteau, au-dessus du chemin de gr. com. n° 11 — Origine du nom : Audebertus alias *lou Martégal* (1532) — Chapelle Saint-Pierre — Site très pittoresque.

Martigues — Canton : 8 com.; 21,552 hect.; 13,797 hab.) — Carri-le-Rouet — Châteauneuf-lès-Martigues — Gignac — Marignane — Martigues—Port-de-Bouc — Rove (Le) — Saint-Victoret.

Martigues — Commune, 6,963 hab., ch.-l. de cant. de l'arrond. d'Aix (40 kil.) — Entre l'étang de Berre et l'étang de Caronte, sur plusieurs canaux communiquant avec les étangs — Port sur l'étang de Caronte — Bassin, près du pont-tournant en fer qui peut donner passage aux navires d'un fort tonnage, terminus du canal de Grande-Navigation de Bouc à Martigues — Anciens noms : *Blascon* (grec) — *Insula Sancti Genesii* (1207) — *Le Martègue* —Avant l'année 1581, les trois quartiers de L'Isle, de Ferrières et de Jonquières formaient trois communes distinctes — Eglise Sainte-Madeleine (L'Isle); Eglise l'Annonciation (Jonquières); Eglise Saint-Louis (Ferrière); Hôpital; Hôtel de ville — Huiles, légumes secs — Pêche importante — Fonderies, chantiers de construction de navires, fabr. de salaisons et de boutargue, filets de pêche, saline — *Biogr.* : Gérard Tenque (1118); J.-B. Bertrand (1752) — *Foires* : 15 mai, 28 octobre.

Martigues — Station terminus du chemin de fer (d'intérêt local) du Pas-des-Lanciers (18,920 m.) à Martigues — Altitude : 12 m. 42 c.

Mas (Le) — Hameau, 45 hab., com. du Rove (200 m.) cant. de Martigues — Sur le chemin d'intérêt com. n° 15.

Mas-Blanc (Le) — Commune, 125 hab., cant. de Tarascon (10 kil.) arrond. d'Arles (18 kil.) — Altitude : 30 m. — Paroisse de Saint-Étienne du Grès (4 kil.) com. de Tarascon — Dans une plaine fertile au Nord des Alpines —Ancien nom : *Mansus Albus* (1379) — Chapelle Saint-Lambert — Blé, Seigle, orge, avoine — Aux environs : Château de la Paille.

Mas-Blanc (La) — Hameau, com. d'Eygalières (1 kil. 400 m.) cant. d'Orgon (9 kil.) — Entre le village et les Alpines.

Mas-Blanc (Le) — Hameau, com. de Rognonas (500 m.) cant. de Chateaurenard (5 kil. 500 m.) — Près de la route dép. nº 15.

Mascara — Hameau, 19 hab., com. de Peypin (1 kil.) com de Roquevaire (5 kil.) — Origine du nom : *La ferme carrée* — Sur la limite de la Destrousse.

Mascotte (La) — Hameau, com. de Malemort (5 kil.) cant. d'Eyguières (13 kil.) — Entre la Durance et la route nat. nº 7.

Mas de Boisvert (Le) — Hameau, com. de Mouriès (5 kil.) cant. de Saint-Remy (20 kil.) — Sur le canal de Crapponne — Fondé par Adam de Crapponne — Château et immenses écuries voûtées.

Mas de Cadau (Le) — Hameau, 185 hab., com. d'Eyragues (2 kil. 900 m.) cant. de Châteaurenard (6 kil.) — Près du canal des Alpines.

Mas de Flandrin (Le) — Hameau, com. de Maussane (800 m.) cant. de Saint-Remy (5 kil.) — Sur le chem. de gr. com. nº 9.

Mas de Fléchon (Le) — Hameau, 25 hab., com. de Maussane (5 kil.) cant. de Saint-Remy (13 kil.) — Sur la limite de Mouriès, dans les Alpines.

Mas de Martin (Le) — Hameau, com. de Graveson (2 kil. 500 m.) cant. de Châteaurenard (10 kil.) — A 500 m. de la station de Graveson.

Mas de Sabran ou de Chabran (Le) — Hameau, com. de Mouriès (1 kil.) cant. de Saint-Remy (14 kil.) — Sur la limite d'Arles.

Mas des Issarts (Le) — Hameau, com. de Graveson, cant. de Châteaurenard.

Mas des Lambrusques (Le)— Hameau, 37 hab., com. de Maussane (2 kil. 500 m.) cant. de Saint-Remy (12 kil.) — Dans la plaine.

Mas de Veran (Le) — Hameau, com. et cant. de Saint-Remy (4 kil.)—Près du chem. d'intérêt com. n° 19, et du canal des Alpines.

Mas d'Isoard (Le)—Hameau, com. de Maussane, cant. de Saint-Remy.

Mas du Grès (Le) — Hameau, com. de Boulbon (2 kil. 500 m.) cant. de Tarascon (10 kil.) — A 1 kil. du Rhône.

Mas du Juge (Le) — Hameau, com. et cant Ouest d'Arles (16 kil.) — Dans la Camargue — A 1 kil. d'Albaron.

Mas-Long (Le) — Hameau, 864 hab., com. de Mausane, cant. de Saint-Remy.

Mas-Neuf (Le) — Hameau, com. de Mouriès (1 kil.) cant. de Saint-Remy (15 kil.) — Sur le chem. de gr. com. n° 9.

Masques (Les) — Hameau, com. de Saint-Antonin (2 kil.) cant. de Trets (23 kil.) — Sur le versant sept. du Cengle.

Massane (La)— Station du chemin de fer (d'intérêt local) de Tarascon (12 kil.) à Saint-Remy (3 kil.).

Massayaute — Hameau, com. de Boulbon, cant. de Tarascon.

Massoure — Etang, com. des Saintes-Maries.

Mas-Thibert (Le) — Village, 900 hab. (dans la circonscription paroiss.), com. et cant. Est d'Arles (18 kil.)—Sur le canal d'Arles à Bouc, à 1,800 m. de la rive gauche du Grand-Rhône — Ancien nom : *Tort-d'Enserie* (1167) — Eglise Saint-Honorat (1852) — Foin, joncs, blé.

Matelots (Les) — Hameau, 32 hab., com. de Peypin (1 kil. 300 m.) cant. de Roquevaire (4 kil. 900 m.) — A 300 m. de la route nat. n° 96.

Maulx — Hameau, 33 hab., com. et cant. de Gardanne.

Maur — Hameau, 35 hab., com. de Gignac (2 kil.) cant. de Martigues (14 kil.)—A 500 m. de la route dép. n° 12.

Mauran — Hameau, com. et cant. de Berre (5 kil.) — Sur la rive droite de l'Arc, à 1 kil. de la mer — Sur les ruines d'une ville morte au Cap d'Œil (*Capdolium ?*)

Maurins (Les) — Hameau, com. d'Allauch (4 kil.) 6ᵐᵉ cant. de Marseille (13 kil.) — Sur la route nat. n° 8 *bis* — Origine : Antoine *Maurin*, propriétaire (1691).

Maussane — Commune, 1,567 hab., cant. de Saint-Remy (11 kil.) arrond. d'Arles (21 kil.) — Altitude : 36 m. — Dans une belle plaine, un peu au-dessus des marais des Baux — Origine du nom : *Maou San*, malsain — Ancien nom : *Manuciana* (1069) — Église l'Exaltation de la Croix (1759); Hôpital — Blé, seigle, huile — Moulins à farine et à huile, mine de beauxite — *Foire* : 1ᵉʳ mai — Aux environs : Restes de voies romaines, d'aqueducs, de villas et de tombeaux; Château de Mou-blanc.

Mauvares (Les) — Hameau, 49 hab., com. de Rognes (2 kil.) cant. de Lambesc (9 kil.)—A 500 m. de la route dép. n° 11.

Mayans (Les) — Hameau, 14 hab., com. de Septèmes (3 kil.) cant. de Gardanne (19 kil.)— Sur la limite de Marseille.

Mazargues—Village, 2,934 hab., com. et 5ᵉ cant. de Marseille (6 kil. 300 m.)—Altitude : 42 m.—Au pied d'une colline, à proximité d'un bois étendu — Anciens noms : *Marsanges* (1096) et *Marzanèges* (1113) — Ruines du château seigneurial — Ancienne église des Carmes (1645); Église paroissiale Saint-Roch (1847) — Sables, culture maraîchère — Pêche.

Mède (La) — Hameau, 165 hab., com. de Châteauneuf (5 kil. 500 m.) cant. de Martigues (4 kil. 500 m.) — Altitude : 16 m. — En face d'un petit promontoire, sur les bords de l'étang de Berre — Blé, légumes — Pêche.

Mède (La) — Station du chemin de fer (d'intérêt local) du Pas-des-Lanciers (14,375 m.) à Martigues (4,545 m.) — Altitude : 21 m. — Distance du hameau : 200 m.

Mégerie Subeirane — Hameau, com. de Mollégès, cant. d'Orgon.

Meironnette (La) — Hameau, 15 hab., com. de Puyloubier (4 kil.) cant. de Trets (9 kil.) — Altitude : 270 m. — Sur la limite de Pourrière (Var).

Méjade (La Petite) — Roubine, com. de Maillane — Cours : 4,000 m.

Méjanes — Hameau, com. et cant. des Saintes-Maries (17 kil.) arrond. d'Arles (19 kil.) — Ancien nom : *Prioratus de Mejanis* (XI° s.) — Restes d'une tour qu'on aperçoit de tous les points de la Camargue.

Méjean — Petit hameau, com. du Rove (8 kil.) cant. de Martigues (22 kil.) — Petit port de refuge pour les pêcheurs — Pêche.

Mellets (Les) — Hameau, com. et cant. d'Aubagne (3 kil. 50 m.) — Près de la rive gauche de l'Huveaune.

Melon (Le) — Quartier de Sainte-Marthe, com.

et 4ᵐᵉ cant de Marseille (6 kil.) — A la bifurcation du chem. de gr. com. nᵒ 11 et du chem. de fer de Marseille à Pertuis.

Menpenti — Faubourg, 2,808 hab., com. et 5ᵐᵉ cant. de Marseille (2 kil. 200 m.) — Sur la route nat. nᵒ 8 et le Jarret — Origine du nom : Devise d'un cadran solaire — Usines diverses ; Caserne de cavalerie.

Mer (Rocher de la) — Un des sommets de la Montagnette, com. de Barbentane — Rocher d'où l'on aperçoit la mer, à 75 kil. au Sud.

Mère-de-Dieu (La) — Hameau, 45 hab., com. de Grans, cant. de Salon.

Mérindolle (La) — Hameau, com. et cant. Sud d'Aix (11 kil.) — Altitude : 106 m. — Sur la ligne du chem. de fer de Rognac à Aix — A 500 m. de Saint-Pons.

Merlançon (Le) — Ruisseau : voir *Roumartin*.

Merlançon (Le) — Ruisseau, formé par la source de la Bouilladisse et les eaux des mines de lignites — Coule du Nord au Sud, séparant Auriol de la Destrousse et se jette dans l'Huveaune — Cours : 5,500 m.

Merlançon (Le) — Ruisseau, com. d'Aubagne — Se forme dans les montagnes de Roquefort et se perd dans l'Huveaune, à Aubagne — Cours : 4,500 m.

Mestre ou **le Plan** — Hameau, com. d'Orgon, (3,850 m.) — Voir : *Saint-Louis-lès-Orgon*.

Merle (Le) — Hameau, com. et cant. de Salon 4 kil. 500 m.) — Altitude : 72 m. — Au point de rencontre de la route départ. nᵒ 1, du ch. de gr. com. nᵒ 10, du canal des Alpines, etc. dans la Crau.

Meyranne — Étang, dans la Crau, com. d'Arles

près du Grand-Rhône, traversé par les roubines de Chapelette et de Travette. — Ancien nom : *Clara de Maurana* (937).

Meyranne — Roubine, com. d'Arles — Cours : 1,390 m

Meyrargues — Commune, 1,117 hab., cant. de Peyrolles (5 kil. 500 m.) arrond d'Aix (15 kil.) — Altitude : 247 m. — Dans une gorge étroite exposée au vent du Nord — Ancien nom : *Castrum de Mairanacis* (1153) — Eglise Saint-André — Beau château flanqué de tours, bâti sur les ruines de l'ancien château qui datait du IX⁵ s. sur une colline boisée. — Visiter : dans un vallon rocheux, l'aqueduc romain en briques qui amenait les eaux de la Trasconade à Aix. — Céréales, légumes, bois — Scierie, papeterie, moulins à blé.

Meyrargues — Station du chemin de fer de Marseille (55 kil.) à Pertuis (6 kil.) — Altitude : 206 m. 80 c. — Distance du village : 2 kil.

Meyreuil — Commune, 768 hab., cant. Sud d'Aix (5 kil. 600 m.) — Altitude : 262 m. — Eglise Saint-Marc (1687) — Blé, légumes verts et secs, tabac, noyers, amandiers — Moulin à farine, fours à chaux — Visiter : Ancienne église de construction romaine ; Ruines du monastère des Dames de Saint-Barthélemy ; Ruines d'un aqueduc romain ; Château de Valbrillant ; le Manoir de Rochefontaine ou de la Saurine, pavillon élevé sur les plans de Puget.

Meyrol-Vallat (Le) — Ruisseau ; a sa source dans la com. de Lamanon et aboutit à la Durance, com. d'Orgon, où il forme un canal de 3,000 m.

Mezoargues — Commune, 219 hab., cant. de Tarascon (10 kil.) arrond. d'Arles (27 kil.) — Altitude : 20 m. — Divers hameaux dans une plaine très fertile — Ancien nom : *Castrum de Mesoaga* (1125) — Eglise Saint-Pierre-ès-Liens (XVII° s.) — Château réparé à plusieurs époques — Blé, foin, fruits.

Michelet — Hameau, com. de Fontvieille, cant. Est d'Arles (15 kil.)

Michels (Les) — Hameau, 136 hab., com. de Peynier (3 kil. 500 m.) cant. de Trets (7 kil. 500 m.) — A 1 kil. de la limite de Fuveau et de Belcodène.

Milles (Les) — Village, 2,000 hab., com. et cant. Sud d'Aix (6 kil.) — Altitude : 110 m. — Sur la rive gauche de l'Arc — Origine du nom : 4° borne milliaire de la Voie Aurélienne d'Aix à Marseille — Eglise Sainte-Madeleine (1702) — Restes d'une tour des signaux (XV° s.) — Blé, foin. — Jolis sites et ombrages sur les bords de l'Arc.

Milles (Les) — Station du chemin de fer de Rognac (19 kil.) à Aix (7 kil.) — Altitude : 116 m. — Distance du village : 200 m.

Mimet — Commune, 620 hab., cant. de Gardanne (7 kil.) arrond. d'Aix (15 kil.) — Altitude : 501 m. — Au centre de la chaîne de l'Etoile, à 1 kil. 200 m. du chemin d'intérêt commun, n° 1. — Ancien nom : *Mimetum* (1192) — Ruines du château du moyen-âge — Eglise la Transfiguration (1020) — Blé, chênes, érables, sumac. — Lignites. — Visiter : Le pic de l'*Esteou* (rocher) appelé Pilon du Roi (Rouet, de *Rot*, chemin) — Ruines de l'Ermitage de Notre-Dame-des-Anges, à l'altitude de 530 m.; Grotte, avec église souterraine, de plus de 60 m. de profondeur; Petite chapelle aérienne dite *Le Paradis* — Point de vue superbe.

Mirabaud — Ruisseau qui se forme dans les collines de Séon-Saint-Henri et se jette dans la mer, même quartier. — Cours : 1,000 m.

Mirabeau — Pont sur la Durance, donnant passage à la route nationale n° 96, de Sisteron à Toulon— En fil de fer, arche unique; longueur : 150 m., largeur entre les têtes : 5 m. 50 c.

Miramas — Commune, 1,040 hab., cant. de Salon (13 kil.) arrond. d'Aix (40 kil.) — Altitude : 73 m. — Sur un mamelon escarpé dominant une anse, au Nord-Ouest de l'Etang de Berre — Origine du nom : *Mira Mar* (vue de la mer) — Ancien nom : *Mira Marc* (1214) — Eglise Saint-Julien (1821) — Ruines du Château du XIVe s. sur un rocher percé de grottes et de cavernes et remparts du XVe s. — Huile, amandes, kermès, pastel — Carrière de pierres. — Visiter : Anciens canaux de dessèchement taillés à pic, sans revêtement de maçonnerie; Au pied du village, près d'une fontaine, Chapelle du IXe ou du Xe siècle.

Miramas ou **Constantine** — Village nouveau, 650 habitants, en voie de création depuis l'établissement du chemin de fer de Marseille à Avignon (1848) — Eglise Saint-Louis (1867) — *Foires :* (depuis 1873) 20 avril et 20 novembre — (*Constantine* est le nom d'une maison de campagne moderne, située à une petite distance de la gare).

Miramas — Station du chemin de fer de Marseille (53 kil.) à Avignon (68 kil.). — Altitude : 49 m. 10 c. — Distance de l'ancien village : 2 kil. 500 m. — Bifurcation sur Cavaillon (36 kil.); — Bifurcation sur Port de Bouc (22 kil.)

Molassis (Les) — Hameau, com. d'Eygalières (1 kil.) cant. d'Orgon (9 kil.)

Mollégès — Commune, 761 hab., cant. d'Orgon (8 kil) arrond. d'Arles (36 kil.). — Altitude : 56 m. — Dans une vaste plaine très humide — Ancien nom : *Mollegesium* (1139) — Orthographe moderne: *Mollégès* —Eglise moderne Saint-Pierre-ès-Liens. — Ruines d'une forteresse à cinq tours ; Chapelle des Pénitents. — Céréales, garance, chanvre, mûriers, foin. — Minoterie, soies gréges. — *Foire :* 1er mai.

Monblanc — Château du XVII° s. avec parc et belles eaux, 38 hab., com. de Maussane (500 m.) cant. de Saint-Remy (8 kil.). — Altitude : 28 m. — Sur le chemin du Mas des Fléchons.

Monestier (Le) — Roubine, com. de Mouriès. — Cours : 5,070 m., avec un embranchement de 700 m. — Sur ses bords, ruines d'un couvent.

Montagnette (La) — Agglomération de collines, dépendant de la chaîne des Alpines, com. de Tarascon, Graveson, Boulbon et Barbentane ; longueur du Nord-Est au Sud-Ouest : 10 kil. ; largeur maxima vers Boulbon : 6 kil.

Montaigu — Montagne, chaîne des Alpines, com, de Fontvieille.

Montauronne (La) — Hameau, 60 hab., com. de Saint-Cannat (3 kil. 500 m.), cant. de Lambesc (8 kil.) — Altitude : 232 m. — Ferme modèle. — Sur la Touloubre, limite d'Aix.

Montauronne (La) — Hameau, 23 habit., com. de Rousset (3 kil.) cant. de Trets (10 kil.) — A 500 m. de l'Arc.

Mont de Mimet — Au centre de la chaîne de de l'Etoile. — Altitude : 754 m. 89 c.

Montéguet — Montagne, chaîne de Sainte-Victoire, com. de Meyreuil — Altitude : 226 m.

Mont-Fort — Hameau, com. d'Eygalières (1 kil. 400 m.) — Visiter : Maison *Isnard Bruno.*

Montfou — Hameau, com. de Mouriès, cant. de Saint-Remy.

Mont-Long (La Grande) — Roubine , com.

d'Arles. — A sa prise au Rhône et son débouché à la Grand-Mar. — Cours : 6,930 m.

Mont-Loug (La Petite) — Roubine, com. d'Arles — A sa prise au Rhône et se verse dans la vidange de Méjanes. — Cours : 20,400 mètres.

Montmajour — Abbaye ruinée, com. et cant. Est d'Arles (4 kil.) — Altitude : 45 m. — Sur une colline jadis entourée d'eau — Ancien nom : *Monasterium Montis Majoris* — Fondée au VI⁰ s., cette abbaye a joué en Provence un rôle très-considérable — Constructions des XI⁰, XII⁰, XVIII⁰ s.; réparées en partie depuis peu — Eglise Saint-Pierre très-belle; Cloître avec nombreuses tombes armoriées; Vaste Crypte du XI⁰ s. ; Belle tour de défense haute de 26 m. ornée de bossages et couronnée de machicoulis, élevée en 1369 — A 50 m. au-dessous de l'abbaye, chapelle Sainte-Croix, construite en 1019, au milieu d'un cimetière et entourée de tombes creusées dans le roc — Sur le flanc méridional de la colline, Eglise souterraine de Saint-Pierre où l'on montre une anfractuosité de rocher taillée, dite Confessionnal de Saint Trophime — Les ruines de Montmajor méritent l'attention des touristes autant que celle des archéologues.

Montolivet — Village, 732 hab., com. et 4⁰ cant. de Marseille (4 kil. 900 m.)—Altitude : 135 m.—Eglise Saint-Fortuné (1830-1879) — Ancien nom : *Mont-Olivetus* (1239) — Olivettes.

Montmajour — Station du chemin de fer (d'intérêt local) d'Arles (3 kil. 711 m.) à Fontvieille-Carrières (6 kil. 356 m.) — Altitude : 3 m.

Montpahon ou **Château d'Estoublon** — Hameau, com. de Fontvieille (3 kil.) cant. Est d'Arles (13 kil. 500 m.)—Château moderne, parc, moulin à huile — Ancien château de Montpahon à 1 kil.

200 m. du château actuel, sur une colline, à l'altitude de 220 m. — Ancien nom : *Monte Pavone* (1200) — *Montpaon* (1437) — Ruines d'un fort romain ; Ruines du monastère de Saint-Ferréol ; Tombeaux et sculptures de l'époque romaine.

Montredon — Village, 1,055 hab., com. et 5ᵐᵉ cant. de Marseille (7 kil.) — Sur le bord de la mer, plage du Prado. — Origine du nom : *Podium rotondum* (montagne ronde) XI° s. — Jolie église du style byzantin Sainte-Eusébie (1854). — Pêche ; Dépôts de sable de rivière.

Montvallon — Chateau, 10 hab., com. de Vitrolles (3 kil. 500 m.) cant. de Berre (14 kil.) — Altitude : 83 m. — A 1 kil. du Griffon.

Morgiou — Hameau, q. de Mazargues, com. et 5° cant. de Marseille (12 kil. 100 m.) — Anse d'une belle étendue, au pied de la Tête de Puget.

Motte (La) — Ancien château et vieux couvent, com. de Tarascon — Ancien nom : *Motta de Bello affari* (1379).

Moulès — Village, 1,800 hab., com. et cant. Est d'Arles (12 kil.) — 3 kil. de Raphèle — Dans la Crau — Altitude : 22 m. — Eglise Saint-Hilaire (1682)

Moulières (Les) — Hameau, 17 hab., com. de Mimet (3 kil.) cant. de Gardanne (3 kil. 500 m.) — A 300 m. de la limite de Gardanne.

Moulin-de-Redon (Le) — Hameau, 203 hab., com. d'Auriol (5 kil.) cant. de Roquevaire (8 kil. 700 m.) — Sur les bords de l'Huveaune — Ancien nom : *Valle Restones* (950) — Minoteries, papeterie.

Moulin-de-Rousty (Le) — Hameau, com. de Mas-Blanc (1 kil.) cant. de Tarascon (11 kil.) — A 200 m. du canal des Alpines.

Moulin-de-Vernègues (Le) — Hameau, com. de Malemort (4 kil.) cant. d'Eyguières.

Moulin-Rompu (Le) ou **La Maison-Basse** — Ruisseau, com. du Vernègues — Commence à la Gorguette et se jette dans le canal de Crapponne.

Mourgues (Les) — Hameau, 94 hab., (avec les Madets), com. d'Allauch (2 kil. 250 m.) 6e cant. de Marseille (8 kil. 500 m.)—Altitude : 113 m.—Origine du nom : *Mourgues*, propriétaire (1750).

Mourgues (Les) — Hameau , com. et cant. Nord d'Aix (7 kil.) — A 500 m. du chemin de fer (de Pertuis).

Mouriès — Commune, 2,060 hab., cant. de Saint-Remy (16 kil.) arrond. d'Arles (28 kil.) — Altitude : 33 m. — Ancien nom : *Morers* (1062) — Eglise Saint-Jacques-le-Majeur (1639) — Temple protestant — Blé, foin, huile — Minoterie, huilerie, filature de soie — *Biogr.* J.-B. Coye (1770) — *Foires :* 1er Mai, 6 Novembre — Visiter : Enceinte celtique derrière les Caisses Saint-Jean; Ruines romaines de Terriciæ à Servanne ou à Malacercis. — Voir ce mot.

Mourre-le-Gros — Pic le plus élevé de la Montagnette, limite de Tarascon et de Boulbon.

Mouton (Le) — Hameau, com. de la Penne (800 m.) cant. d'Aubagne (5 kil. 400 m.) — Sur la route nationale n° 8.

Mouton (Le) — Ile du Rhône, com. d'Arles (22 kil.) — Longueur : 1 kil.

Moutte (La) — Hameau, 29 hab., com. de Châteauneuf, cant. de Martigues.

Muscatelle (La) — Hameau, com. de Châteauneuf-le-Rouge (2 kil.) cant. de Trets (12 kil.) — Sur l'Arc.

N

Naudins (Les) — Hameau, com. d'Allauch (3 kil.) 6ᵉ cant. de Marseille (11 kil. 500 m.) — A 400 m. de la limite de Marseille.

Ners — Château ruiné, com. d'Allauch (5 kil.) 6ᵉ cant. de Marseille (17 kil.) — Altitude : 230 m.— Origine du nom : *Nerta*, litière — Ancien péage de l'évêque de Marseille : *Pedaticum Nercii* (1106) — Enceintes reconnaissables ; beaux pans de murs.

Nerte (La) — Hameau, 75 hab., com. et 4ᵉ cant. de Marseille (13 kil. 400 m.) — Sommet voisin, altitude : 283 m. — Sur le chemin d'intérêt commun nᵒ 15, immédiatement au-dessus du tunnel du chemin de fer de Marseille à Avignon — Origine du nom : *Nerta*, litière (1278) — Vieille chapelle — Ciment et chaux hydraulique.

New-Porcelle — Ferme modèle, com. et cant. de Gardanne (6 kil.) — A 1 kil. du chem. d'intérêt com. nᵒ 1 et de la limite de Mimet.

Niolon — Hameau, 22 hab., com. du Rove (4 kil.) cant. de Martigues (30 kil.) — Dans le défilé de L'Héritage, au bas des montagnes de la Nerte — Petit port et habitations de pêcheurs — Église l'Immaculée Conception (1867) — Pêche — Madrague.

Notre-Dame — Faubourg, com. d'Aix.

Notre-Dame — Hameau, 160 hab., com. de Septèmes (1 kil. 500 m.) cant. de Gardanne (17 kil. 500 m.) — Sur la route nat. nᵒ 8 — Forme un seul hameau avec Notre-Dame-de-la-Douane, appartenant à la com. de Marseille.

Notre-Dame — Hameau, 23 hab., com. et cant. de Gardanne (1 kil.) — Près de la route dép. nᵒ 20.

Notre-Dame-d'Amour — Hameau, com. et

cant. Ouest d'Arles (15 kil.) — Dans la Camargue, sur l'étang de Valcarès.

Notre-Dame-de-Bon-Secours—Chapelle, com. et 4ᵉ cant. de Marseille (3 kil. 200 m.) — Sur une hauteur — Fondée en 1638.

Notre-Dame-de-Caderot — Chapelle, com. et cant. de Berre (800 m,) — Célèbre dans le canton.

Notre-Dame-de-Consolation—Hameau, quart. de Saint-Jérôme, com. et 6ᵉ cant. de Marseille (7 kil. 100 m.) — Origine du nom : *Ecclesia Virginis de Consolatione* (1512).

Notre-Dame-de-la-Douane. — Hameau, com. et 4ᵉ cant. de Marseille (9 kil, 600 m.) — Sur la route nat. nᵒ 8, formant une seule agglomération avec Notre-Dame de Septèmes — Origine du nom : Bureau de la Douane, créé en 1669 — Tunnel du canal de Marseille.

Notre-Dame-de-la-Garde — Sanctuaire renommé, com. de Marseille — Altitude de la colline : 150 m. — Terrasse de la chapelle 165 m. — Ancien nom : *Guardia* (904) — Belle église (1853-1864).

Notre-Dame-de-la-Garde — Sanctuaire (1628), com. de la Ciotat (1 kil. 500 m.)— Au-dessus du Bec-de-l'Aigle.

Notre-Dame-de-la-Salette— Sanctuaire, quart. des Accates, com. et 6ᵉ cant. de Marseille (12 kil.)— Ancien nom : *Les treize vents*. —Belle église (1864).

Notre-Dame-de-Pitié ou **des Sept-Douleurs**— Sanctuaire, sur le Puech, com. de Noves — Ancien couvent d'Observantins.

Notre-Dame-des-Anges — Ermitage célèbre, sur la montagne de l'Etoile, com. de Mimet (4 kil,) cant. de Gardanne (11 kil.) — Altitude : 525 m. —

Grande habitation abandonnée ; Ruines d'une chapelle et d'un couvent d'Observantins ; grotte de 60 m. de long. renfermant deux autres Grottes superposées et qui jadis avaient été converties en chapelles.

Notre-Dame-des-Fonts-de-Vaquières— Sanctuaire du XVII⁺ s., com. de Noves (3 kil.) — Sur une colline, à la limite des communes de Noves, Châteaurenard et Eyragues.

Notre-Dame-de-Vergon ou **du-Plan** —Hameau, com. de Malemort (2 kil.) cant. d'Eyguières (14 kil. 500 m,) — A 1 kil. de la route départ. n° 19.

Notre-Dame-du-Château — Sanctuaire, com. d'Allauch (300 m.) 6ᵉ cant. de Marseille (11 kil. 200) — Chapelle fort ancienne, mais sans caractère architectural déterminé.

Notre-Dame-du-Château — Ermitage, com. et cant. de Tarascon (7 kil. 500 m.)—Sur les premiers contreforts des Alpines — Chapelle célèbre (1691) ; Statue de la Vierge (1419.)

Notre-Dame-du-Plan ou **du-Vergon** — Hameau, com. de Malemort (2 kil.) cant. d'Eyguières (14 kil. 500 m.) — Dans la plaine — Ancienne chapelle de l'ordre de Saint-Jean — Ancien nom : *Santa Maria super Planum* (1231).

Notre-Dame-du-Val-de-Cuech ou **de-Gueche** — Com. et cant. de Salon (4 kil.) — Sur le contrefort méridional du massif du Vernègues—Chapelle du XII⁺ s. convertie en ferme — Beau piédestal carlovingien.

Nouradons (Les) — Hameau, 25 hab., com. de Ventabren (2 kil.) cant. de Berre (13 kil.) — Sur le versant d'un coteau, à 500 m. de la route dép. n° 7.

Noves — Commune, 2,018 hab., cant. de Châteaurenard (5 kil.) arrond. d'Arles (31 kil.) — Altitude : 45 m. — Dans une plaine fertile, à 1 kil. de la Durance — Ancien nom : *Castrum de Novis* (1279) — Eglise Saint-Baudile (XII° et XIV° s.); Remparts percés de portes crénelées; Tour de l'horloge — Huile, mûriers, foin, culture maraîchère — Papeterie, fabr. de garance, moulinage de soies, filature de cocons, briquetteries, minoteries — *Biogr.* — Laure de Noves (1348); Rostang (1283); le père Chérubin (1767) — *Foire :* 31 Août. — Visiter : Chapelle de N.-D.-de-Pitié sur le Puech; Chapelle de N.-D.-des-Fonts-de-Vaquières (Source miraculeuse).

O

Oblats (Les) — Hameau, quartier de Montolivet, com. et 4ᵉ cant. de Marseille (5 kil.) — Altitude : 96 m. — Grand séminaire diocésain.

Oiseau (L') — Etang, dans le Plan-du-Bourg, com. d'Arles (42 kil.)

Olives (Les) — Village, 369 hab., com. et 6ᵉ cant. de Marseille (7 kil. 800 m.) — Sur le ch. de gr. com. n° 11.— Origine du village : Simon *Olive*, propriétaire (1467) — Eglise Saint-Paul (1660-1759-1865) — Elevage de porcs.

Olivier (L') — Etang , com. d'Istres (100 m.) — Remarquable par les énormes bancs d'huitres pétrifiées qui l'entourent et le tunnel qui le fait communiquer avec l'étang de Berre — Longueur du Nord au Sud : 2 kil.; largeur : 1 kil. 500 m.

Olympe ou **Oouripo** — Montagne entre Saint-Zacharie et Trets, sommet de la chaîne de Régagnas — Altitude : 893 mèt. — Restes d'un camp celtique.

Orgon — Canton ; 7 communes ; 18,106 hect. ; 9,710 hab.— Cabannes, — Eygalières — Mollègès — Orgon — Saint-Andiol — Sénas — Verquières.

Orgon—Commune, 2,789 hab., chef-lieu de cant. de l'arrond. d'Arles (5 kil.)—Altitude : 95 m. — Au pied septentrional d'une montagne assez élevée, sur la Durance, la route nationale n° 7 et le canal de Boisgelin — Ancien nom : *Castrum de Urgone* (1103) — Eglise paroissiale l'Assomption (1325); Vieille chapelle de Notre-Dame de Beauregard ; Débris de fortifications comprenant un espace de 57,700 m. et renfermant l'ancien *Castrum Druentiæ*, un couvent d'Augustins, le château de Guise et l'église paroissiale — Blé, avoine, légumes secs, garance — Minoteries, trituration de tourteaux, triage de chardons, fabr. de garance. — Visiter : Ruines d'un aqueduc romain ; Tunnel du canal de Boisgelin ; Pont-viaduc du chemin de fer de Miramas à Cavaillon sur la Durance — Site très pittoresque..

Orgon — Station du chemin de fer de Miramas (30 kil.) à Cavaillon (6 kil.)—Altitude : 85 m. 60 c. — Distance de la ville : 500 m.

Orgon — Chaînon de montagnes, ramification des Alpines — Altitude : 254 m.

Oustaou-Noou (Leïs) — Synonyme de *Maisons Neuves* — Voir ce mot.

P

Paganet, **Paillanet** ou **Saint-Estève** — Hameau, 78 hab., com. et cant. de Gardanne (2 kil. 500 m.) — A 300 m. de la limite de Meyreuil ; sur le ruisseau de Paillanet.

Pageotte (La) — Hameau, quartier d'Eoures, com. et 6e cant. de Marseille (13 kil. 500 m.) — Primeurs.

Paillanet ou **Paganet** — Hameau, com. et cant. de Gardanne (2 kil. 500)—Ruines de la chapelle m. Saint-Estève.

Paillière (Plateau de la) — Ramification de la chaîne de Sainte-Victoire.

Pallière (La) — Hameau, 149 habitants, com. de Saint-Victoret, cant. des Martigues.

Palette (La) — Hameau, 77 hab., com. du Tholonet, cant. Nord d'Aix.

Palière (La) — Hameau, com. de Puyloubier (5 kil.) cant. de Trets (15 kil.) — Altitude : 500 m. — A 1 kil. de la limite du Var.

Palud (La) — Hameau, quartier de Saint-Barthélemy, com. et 4e cant. de Marseille (4 kil. 800 m.) — Ancienne église des Trinitaires.

Paluds (Les) — Hameau, com. de Saint-Andiol (3 kil.) cant. d'Orgon (13 kil.) — Près de la limite de Verquières et de Noves.

Paluds (Les) — Roubine, com. d'Eygalières — Se jette dans le Réal de Saint-Remy — Cours : 1,975 m.

Palunette (La)—Hameau, 25 hab., com. de Chateauneuf (3 kil.) com. de Martigues (7 kil. 500 m.) — A l'entrée du Jay.

Palunettes (Les) — Hameau, com. de Graveson (3 kil.) cant. de Chateaurenard (9 kil.) — Dans la plaine, au pied de la Montagnette.

Paluns (Les) — Etang, com. de Cuges, qui se dessèche au moyen des Embucs ou crevasses naturelles, lorsqu'il a été rempli par les torrents de Dausserang, de Pourparel et de Cuque.

Paradou (Le) — Commune, 720 hab., cant. de Saint-Remy (12 kil.) arrond. d'Arles (19 kil.) — Altitude : 35 m.— Sur le chem. de gr. com. n° 9, de Salon à Tarascon — Origine du nom : *Paradou* (moulin, foulon) — Eglise moderne Saint-Martin— Blé, huile, garance, mûriers, figues, amandes, laines — Minoteries, huilerie, carrière de pierres—Visiter: Débris de l'aqueduc romain de Barbegal ; Tours et église de l'ancien château de Castillon, sur la montagne nommée la *Penne.*

Paradou (Le) — Ruisseau, com. de Noyes — Cours : 2 kil.

Paradou (Le) — Ruisseau — Coule entre Sainte-Victoire et le Cengle et se jette dans l'Arc.

Paradou-le-Bas — Hameau, en opposition avec *Paradou-le-Haut*, com. du Paradou (1 kil.).

Paradoux (Les) — Hameau, com. de Jouques (2 kil. 500 m.) cant. de Peyrolles (2 kil. 500 m.) — A 1 kil. 500 m. de la Durance — Huilerie.

Paroyes-des-Gauds (Les) — Hameau, quartier de Château-Gombert, com. et 6° cant. de Marseille (11 kil.) — Près des Médecins, à 200 m. de la limite d'Allauch.

Paroyes-de-Jarret (Les) — Hameau, quartier de la Croix-Rouge, com. et 6° cant. de Marseille (7 kil.)—Sur la route nationale n° 8 *bis*—Origine : *Parroye*, propriétaire (1549).

Pascoun — Hameau, 34 hab., com. de Rousset (2 kil.) cant. de Trets (8 kil. 500 m.) — Sur le revers méridional du Cengle.

Pas-des-Lanciers (Le) — Hameau, com. de Malemort (4 kil.) cant. d'Eyguières (14 kil.) — Passage entre deux collines, sur la limite de Sénas, à l'Ouest de Malemort.

Pas-des-Lanciers (Le) — Auberge, com. de Sénas (14 kil.) cant. d'Orgon (6 kil.) — Même position que le précédent.

Pas-des-Lanciers (Le) — Hameau, 123 hab., com. de Saint-Victoret (2 kil. 300 m.) cant. de Martigues (18 kil.) — Altitude : 52 m. — Sur le ch. d'int. com. n° 13, à 300 m. de l'entrée du tunnel de la Nerte — Noms anciens : *Gula de Lancisiam*, goule ou passage de Lancise (17 mai 1346) — *Pas d'Alansier* (Cassini) — Comme rapprochement, Voir : **A**ncise.

Pas-des-Lanciers (Le) — Station du chemin de fer de Marseille (19 kil.) à Avignon (102 kil.) — Altitude : 50 m. 70 c. — Bifurcation du chemin de fer de Martigues (18 kil. 920 m.)

Pas-de-Trets (Le) — Hameau, 73 hab., com. de la Destrousse (800 m.) cant. de Roquevaire (3 kil. 600 m.) — Sur la route nationale n° 96.

Pas-de-Laurier (Le) — Hameau, com. de Saint-Victoret, cant. de Martigues.

Pasques — Ancien fort, sur le Grand-Rhône, rive droite, com. d'Arles (9 kil.) — A l'embouchure de la roubine Roquemaure.

Passan (Le) — Ancien bras du Rhône, dans la Camargue, com. d'Arles.

Passon (Le Grand et le Petit) — Anciens bras du Rhône, dans le Plan-du-Bourg, com. d'Arles.

Pastissière (La) — Hameau, 38 hab., com. de Carri-le-Rouet (1 kil.) cant. de Martigues (16 kil.) — A 500 m. du ch. d'int. com. n° 15.

Pastressons (Les) ou **Serrier** ou **Mas de Molières** — Hameau, com. du Paradou (1 kil.) cant. de Saint-Remy (11 kil.) — Au pied des contreforts de la montagne des Baux.

Patis (Les) — Hameau, 100 hab., com. et cant. d'Istres (5 kil.) — A 500 m. du canal de Crapponne.

Patouillarde (La) — Hameau, com. et cant. d'Eyguières (5 kil. 300 m.) — Dans les Alpines, sur le chem. d'int. com. n° 18.

Paulet — Usine, près de l'étang de Giraud, en Camargue, com. d'Arles (37 kil.)

Pavillon (Le) — Château moderne, com. de Boulbon, cant. de Tarascon — Au S. O. du village — Jardins; Galeries de tableaux.

Pavillon (Le) ou **Château Valory** — Maison remarquable (1770) com. de Châteaurenard (300 m.) — Eaux et ombrages.

Payanet — Hameau, 48 hab., com. de Meyreuil cant. Sud d'Aix.

Péagère du Rocher (La) — Com. de Sénas (5 kil.) cant. d'Orgon (3 kil.) — Sur une colline dominant le chem. de g. com. n° 19 — Ruines d'un château des XIe et XIIIe s. — Ancien nom : *Pedagium de Roucas* — C'est là que Sénas se trouvait jadis.

Peccais — Etang et saline, dans la Camarguette, com. des Saintes-Maries — Sur la limite du département du Gard, près de l'ancien fort de Peccais.

Pégoulière (La) — Hameau, 93 hab., com. de

Peypin (800 m.) cant. de Roquevaire (6 kil. 100 m.) — Sur le chem. d'int. com. n° 1.

Peirot — Ilot, en avant de l'ile de Maïre. com. de Marseille — 3 kil. de la côte (Cap Croisette).

Pélissanne — Commune , 1,724 hab., cant. de Salon (4 kil. 500 m.) arrond. d'Aix (28 kil.) — Altitude : 80 m. — Dans une plaine, sur la rive droite de la Touloubre et la route dép. n° 14 — Ancien nom : *Villa Pellissiana* (1060) — Eglise Saint-Maurice (XVI° s.) — Tour de l'horloge (1585) Huile, amandes, mûriers — Huileries, moulins à grignons, minoteries, fabr. de poteries et de tuiles, fil. de soie — *Biogr.* Esménard (1811) — *Foires :* 1er Septembre, 1er Décembre. — Visiter : Chapelle de Saint-Jean-de-Bernasse et Ruines de l'ancienne *Pisavis* sur lesquelles elle est bâtie ; Débris du château de la Penne, près du rocher de Caronte.

Peluque ou **Grand-Clar** — Etang, entre le Tréhon et la Crau, com. d'Arles et de Fontvieille — Presque entièrement desséché — Ancien nom : *Fossa Clarera* (1044).

Penne (La) — Commune, 770 hab., cant. d'Aubagne (4 kil. 600 m.) arrond. de Marseille (12 kil. 500 m.) — Altitude : 79 m. — Sur l'Huveaune et la route nationale n° 8 — Origine du nom : *Pen* ou *Penn,* montagne — Eglise Saint-Laurent et N.-D. du Rosaire (1754) — La Pennelle, sorte de tour pyramidale, faussement attribuée aux Grecs et aux Romains, probablement du XIII° s. — Foin, fruits, bois — Fabr. d'huile de graine, de tourteaux, de ciment ; carrières de pierres.

Penne (La) — Station du chemin de fer de Marseille (13 kil.) à Toulon (54 kil.) — Altitude : 77 m. 30 m. — Distance du village : 400 m.

Penne (La) — Château-fort ruiné, com. de Pélissanne (3 kil. 500 m.) cant. de Salon (8 kil.) — A 300 mèt. du roc escarpé de Caronte, sur un rocher dominant la plaine de Pélissanne.

Penne (La) — Ferme, au pied d'une longue colline, au centre des com. du Paradou et de Maussanne — A 500 m., débris du château et de l'église de Saint-Martin-de-Castillon (*Castellum*).

Pennes (Les) — Commune, 2,015 hab., cant. de Gardanne (15 kil.) arrond. d'Aix (21 kil.) — Altitude : 169 m. — Sur un coteau, dernier prolongement de la chaîne de Vitrolles, la route dép. n° 1. la route dép. n° 12 et le ruisseau de Merlançon — Village très ancien, fortifié au moyen-âge — Église Saint-Blaise (1869) — Château des seigneurs, conservé en partie: Inscription très-belle du XI° s.; Statue représentant la Vierge allaitant l'Enfant-Jésus (appartenant à la Fabrique) ; Tunnel de la route dép. n° 1 de Salon ; Fontaine (1762) — Blé, huile, foin — Huile d'amandes — Carrière de marbre rouge et blanc.

Perculière — Etang, com. des Saintes-Maries.

Pertuis — Pont suspendu sur la Durance, donnant passage à la route dép. n° 2 — Long. 200 m. — Pile unique dans le milieu — Construit en 1835 — Péage.

Perrets (Les) — Hameau, com. d'Eygalières (1 kil. 300 m.) cant. d'Orgon (9 kil. 300 m.) — Près du canal des Alpines.

Perrier-Redon (Le) — Hameau, com. de Sénas cant. d'Orgon.

Pérussonne (La) — Hameau, com. et cant. d'Aubagne (3 kil.) — A 400 m. de la route nat. n° 8.

Petit-Bergouz (Le) — Béal tiré du ruisseau de Caravelle, quart. des Crottes, com. de Marseille — Alimente plusieurs huileries et moulins à blé, et revient au Caravelle — Cours : 1,500 m.

Petit Calan (Le) — Hameau , 53 hab., com. d'Eygalières, cant. d'Orgon.

Petite Montagne (La) — Hameau, com. et cant. de Tarascon (5 kil.)

Petite Roubine (La) — Roubine, com. d'Eyragues et de Saint-Remy — Cours : 8,520 m.

Peynier — Commune, 1,005 hab., cant. de Trets (4 kil.) arrond. d'Aix (22 kil. 500 m.) — Altitude : 291 m. — Sur la route nat. n° 8 *bis* — Ancien nom : *Podium Nigrum*, montagne noire (1040) — Eglise Saint-Julien (XII⁰ s.) — Blé, graines — Moulins ; exploitation de lignites. — Source d'eau chaude — A Visiter : Ermitage de Saint-Pierre , chapelle du XII⁰ s.

Peynier — Station du chemin de fer de Gardanne (14 kil.) à Trets (5 kil.) — Altitude : 222 m. 20 c. — Distance du village : 2 kil.

Peypin — Commune, 752 hab., cant. de Roquevaire (6 kil, 900 m.) arrond. de Marseille (23 kil.) — Altitude : 303 m. — Sur un coteau dominant le chemin d'intérêt commun n° 1 — Ancien nom : *Castrum de Podio Pino*, montagne du pin (1177) — Eglise Saint-Martin (1819); Ruines considérables du Castelas (1177) — Blé, légumes, bois — Extraction de lignites.

Peyras — Hameau, dans la Crau, sur le canal de Crapponne, com. d'Arles (7 kil.)

Peyrauds (Les) ou **Peyrols** — Hameau, 100 hab. com. de Rognac (500 m.) cant. de Berre (6 kil.) — Sur la route dép. n° 1.

Peyrières — Hameau, 41 hab., com. du Tholonet, cant. Nord d'Aix.

Peyrolles — Canton : 5 communes., 24,889 hect., 5,652 hab. — Jouques — Meyrargues — Peyrolles —

Puy-Sainte-Réparade (Le) — St-Paul-lès-Durance.

Peyrolles — Commune, 1,194 hab., chef-lieu de canton de l'arrond. d'Aix (21 kil.) — Altitude : 216 m. — Sur la route nat. n° 96, au pied d'un rocher battu autrefois par la Durance — Eglise Saint-Pierre (XII s.); Tour de l'horloge; Château moderne; Chapelle du Saint-Sépulcre (XIV* s.) — Grains divers, amandes, fruits à noyaux, bois, pépinières — Moulins à blé et à tan, carrière de pierres.

Piboulon (Le) — Canal d'irrigation, commence et finit dans la com. de Malemort.

Pic-de-Bretagne (Le) — Montagne la plus élevée du département appartenant à la chaîne de Sainte-Baume. — Altitude : 1,043 m. — Limite des com. de Cuges, de Gémenos et de Plan-d'Aups (Var).

Pichauris — Ferme considérable, com. d'Allauch (8 kil.) 6° cant. de Marseille (17 kil. 500 m.) — Dans un vallon formé par des collines boisées—Ruines de l'ancien château : *Castrum Podii Auri* (1254)— Bois, fours à chaux.

Piellettes (Les) — Hameau, 69 hab., com. de Gignac (2 kil.) cant. de Martigues (15 kil.) — Sur la limite du Rove.

Pierrascas (Le) — Montagne appartenant à la chaîne de l'Etoile, com. de Roquevaire — Altitude : 628 m.

Pierrascas — Hameau, 22 hab., com. de la Destrousse (1 kil.) cant. de Roquevaire (4 kil.) — Sur la montagne de ce nom.

Pierredon — Hameau, com. et cant. de Saint-Remy — Ancien château, chapelle, etc. — Ancien nom : *Podium Redonis* (XII° s.)

Pierre Plantade (La) — Hameau, com. et cant. d'Orgon (3 kil.) — Origine du nom : *Pierre plantée, borne, limite.*

Pigeonnière (La) — Roubine, com. des Saintes-Maries — Cours : 1,300 m.

Pile (La) — Hameau, com. de Saint-Cannat (2 kil.) cant. de Lambesc (6 kil. 500 m.) — Altitude : 240 m. — Sur la route nat. n° 7.

Pilon du Roi (Le) — Un des sommets de la chaîne de l'Etoile, com. de Simiane — Altitude : 710 m. — *Pilon* et *Esteou* (rocher) sont synonymes ; Roi se dit par corruption au lieu de *Rouet*, dérivé de *Rot*, route — Chemin très ancien.

Pin (Le) — Hameau, com. de Bouc (5 kil.) cant. de Gardanne (8 kil. 300 m.) — Sur la route nation. n° 8. — Origine du hameau : *Logis du Pin* (1677).

Pin (Le) — Hameau et quart., 115 hab., com. de Septèmes (2 kil.) cant. de Gardanne (9 kil. 500 m.) — Faisant suite au précédent, sur la route nat. n° 8. — *Le Vieux Pin*, auberge.

Pinchinades (Les) — Hameau, 68 hab., com. de Vitrolles (6 kil.) cant. de Berre (11 kil.) — Sur la limite des Pennes.

Pinchinat (Le) — Ruisseau — Se forme au Nord d'Aix et se jette dans l'Arc, à 2 kil. au Sud d'Aix.

Pinchinats (Les) — Village, 450 hab., com. et cant. Sud d'Aix (3 kil. 500 m.) — Sur la route nat. n° 96 — Eglise Sainte-Anne (1859) — Ombrages.

Pinède (La) — Hameau, com. et cant. d'Istres (3 kil.) — A 500 m. de l'étang de l'Olivier.

Piquet (Le) — Quartier ; 169 hab. — Partie du domaine des d'Aubergue, à laquelle Anne-Thérèse d'Aubergue, donna le nom de son mari *Piquet*, marquis de Méjanes (1724) — Voir : *Daubergues (Les)*.

Plan (Le) — Hameau, com. et cant. Sud d'Aix.

Plan (Le) — Hameau, 26 hab., com. de Beaurecueil, cant. de Trets.

Plan (Le) — Hameau, 106 hab., com. de Meyreuil (2 kil.) cant. sud d'Aix (8 kil.) — A 500 m. de la route dép. n° 20.

Plan (Le) — Hameau, com. et cant. d'Orgon — Voir : *Saint-Louis-lès-Orgon*.

Plan (Le) — Hameau, com. de Venelles (2 kil.) cant. Nord d'Aix (9 kil. 500 m.) — Altitude : 379 m. — A 500 m. au Nord du chemin de fer d'Aix à Pertuis.

Plan (Le) — Hameau, 41 hab., com. de Rognes (3 kil. 500 m.) cant. de Lambesc (9 kil.) — Près de la route dép. n° 11.

Plan (Le) — Canal d'arrosage, com. d'Orgon — Cours : 7,000 m.

Plan-d'Aren (Le) — 189 hab., (pour Fos) et 66 hab. (pour Saint-Mitre) — Hameau, com. de Fos (5 kil.) et de Saint-Mitre (4 kil.) cant. d'Istres (10 kil.) — Sur le bord oriental de l'étang d'Engrenier — Saline importante; fabrique de produits chimiques considérable — Au pied de *Maritima Avaticorum* — Voir : *Saint-Blaise*.

Plan-de-Campagne (Le) — Hameau, 72 hab., com. de Cabriès (3 kil.) cant. de Gardanne (11 kil.) — Sur la base d'un coteau, au bord d'une petite plaine — Près du chem. d'int. com. n° 2. — Blé.

Plan-de-Campagne (Le) — Hameau, 119 hab., com. des Pennes (4 kil.) cant. de Gardanne (11 kil.) — Ancien nom : *Campania* (1004) — Faisant suite au hameau précédent.

Plan-de-Cuques (Le) — Village, 172 hab., com. d'Allauch (2 kil.) 6° cant. de Marseille (9 kil.) — Altitude : 134 m. — Sur la route nat. n° 8 bis — Ancien nom : *Cuquæ* (1284) — Eglise Sainte-Marie-Madeleine (1780).

Plan-du-Bourg (Le) — Terrain ayant 38 kil. environ de longueur et de 2 à 8 kil. de largeur, sur la rive gauche du Grand-Rhône, com. d'Arles — Altitude maxima : 5 m. 70 c. — Ancien nom : *Planum juxta Meyranam* (Meyranes).

Planier — Ilot surmonté d'un phare de 1re classe, d'une élévation de 40 mètres et d'une portée de 28 milles, à 15 kil. de la rade de Marseille — Ancien nom : *Turris de Planesiis* (1326).

Plâtrières (Les) — Hameau, com. et cant. nord d'Aix (3 kil) — Altitude : 381 m.

Plombière — Hameau, quartier de Saint-Barthélemy, com. et 4e cant. de Marseille (3 kil. 700 m.) Sur le ruisseau du même nom.

Plombière (Le) — Ruisseau formé par la source de Sainte-Marthe ; se jette dans la mer, près d'Arenc, com. de Marseille — Cours : 6 kil.

Plouvinous (Les) — Hameau, com. du Paradou, cant. de Saint-Remy.

Pointe-de-Berre (La) — Promontoire, com. de Berre (3 kil 500 m.) — Langue de sable séparant l'étang de Berre proprement dit de l'étang de Vaine. — Fabrique de soude

Pointe-Rouge (La) — Hameau, quartier de Montredon, com. et 5e cant. de Marseille (6 kil. 400 m.)—Sur un petit promontoire, golfe du Prado.

Pomègue — Ile appartenant au groupe des iles de Marseille, au Sud de Ratoneau à laquelle elle est reliée par une digue formant le port du Frioul. — Sommet : 94 m. 37 c. — Ancien nom : *Pompeiana* (Pline) ; *Pomège* (1311) — A 5 kil. du Fort Saint-Jean.

Pomme (La) — Village, 684 hab., com. et 6e cant. de Marseille (5 kil. 700 m.) — Sur le chem.

de gr. com. n° 2 (petite route d'Aubagne) — Origine du nom : *Logis de la Pomme* (1596) — Église Saint-Dominique (1670) — Joli aqueduc du canal de Marseille.

Pomme (La) — Station du chemin de fer de Marseille (7 kil.) à Toulon (60 kil.) — Altitude : 45 m. 10 c. — Touche au village.

Pomme (La) — Ancienne auberge, 25 hab., com. de Belcodène (3 kil.) cant. de Roquevaire (8 kil.) — Altitude : 316 m. — A la bif. des routes nat. n°s 96 et 8 *bis*. — Point de repère autrefois important.

Pomme-de-Pin (La) — Hameau, com. de Lafare (2 kil.) cant. de Berre (9 kil.) — Dans la plaine, à 200 m. de l'Arc.

Pommier — Hameau, 44 hab., com. de Lançon (3 kil. 500 m.) cant. de Salon (9 kil. 500 m.) — Altitude : 84 m. — Origine du nom : *Pommier*, arbre fruitier, jadis très-florissant — Belle source nommée jadis : Fontaine de Siroé.

Pont-de-l'Arc (Le) — Hameau, com. et cant. Sud d'Aix (2 kil.) — Sur la rivière de l'Arc.

Pont-de-l'Etoile (Le) — Village. — Voir : *l'E-toile*.

Pont-de-l'Etoile (Le) — Station du chemin de fer d'Aubagne (5 kil.) à Valdonne (12 kil.) — Altitude : 133 m. 60 c.) — Distance du village : 300 m.

Pont de Rhaud (Le) — Hameau, 103 hab., com. de Cornillon (3 kil.) cant. de Salon (7 kil.) — Sur la Touloubre.

Pont-de-Vivaux (Le) — Hameau, quartier de Saint-Loup (900 m.) com. et 6° cant. de Marseille (3 kil. 700 m.) — Sur la route nationale n° 8 — Ancien nom : *Pas des Vivauds* (1329) — Pépinières — Moulins à farine, fabr. de produits chimiques.

Pont-Douneau (Le) — Hameau, com. de Malemort (2 kil.) cant. d'Eyguières (12 kil.) — Sur la route nationale n° 7 — Point de partage des eaux du canal de Crapponne.

Ponteau — Petit port de mer et saline (abandonnée), com. et cant. de Martigues (7 kil.).

Pontès — Hameau, com. et cant. Nord d'Aix (7 kil.) — A 1 kil. de la route nat. n° 7.

Pont-Royal — Hameau, 183 hab., com. de Malemort (2 kil. 500 m.) cant. d'Eyguières (14 kil. 500 m.) — Sur la route nat. n° 7 et les canaux de Crapponne et de Boisgelin — Origine : Relai de poste —Altitude : 136 m.—Consistait en une seule maison en 1750,

Port-de-Bouc — Commune, 929 hab., cant. de Martigues (6 kil.) arrond. d'Aix (45 kil.) — Port de mer important et rade d'une superficie de 100 hect.; communiquant, par l'étang de Caronte et le canal de grande navigation, avec Martigues et l'étang de Berre — 2 fanaux à l'entrée du port : élévation : 16 m., portée 10 milles — Ancien nom : *Bogucenes* (1161) — Origine : *Bucca Cœni*, embouchure du Cœnus (Arc) — Village formé de deux agglomérations : La Lèque et le Canal — Eglise Notre-Dame-de-Bon-Voyage (1841) — Navigation importante, salines considérables, pêche (bourdigues) — Visiter : Fort de Bouc, remparts élevés par Vauban, renfermant une tour marseillaise du XIII° s.; anciennement appelée *Corrento* ou *Marseillès*.

Port-de-Bouc — Station terminus du ch. de fer de Miramas à Port-de-Bouc (22 kil.) — En cours d'exécution (1880).

Port-Saint-Louis — Ville en perspective que des spéculateurs espèrent fonder sur le canal de navigation ouvert entre la Tour Saint-Louis, com. d'Arles (42 kil.) et le golfe de Fos — La Tour Saint-

Louis, construite en 1737 sur le bord de la mer (et distante du rivage actuellement de 7 kil. et demi) et l'église appartiennent à Arles; tout le reste du canal est compris dans la com. de Fos, cant. d'Istres.

Pounche (La) — Hameau, com. d'Allauch (1 kil. 300 m.) 6ᵉ cant. de Marseille (8 kil. 600 m.).

Poupètes (Les) — Hameau, 42 hab., com. de Labarben, cant. de Salon.

Poura (Le) — Étang à demi desséché, com. de Fos et de Saint-Mitre, communiquant, par un canal souterrain de construction *romaine*, avec l'étang d'Engrenier — A 8 m. *au-dessous* du niveau de la mer — Superficie : 150 hect.

Pourachou (Le) — Ruisseau; descend du Regagnas, près de Peynier, et se perd dans l'Arc.

Pourrie (La) — Roubine, com. d'Arles — Cours : 1,983 m.

Pourrie (La) — Roubine, com. de Graveson — Cours : 3,400 m.

Pourrie (La) — Roubine, com. de Saint-Remy — Cours : 2,390 m.

Poussaraque (La) — Hameau, 14 hab., com. de Gignac (1 kil.) cant. de Martigues (16 kil.).

Prado (Le) — Promenade, et sorte de faubourg prolongé, com. et 5ᵉ cant. de Marseille — Longueur : 3,400 m.

Prat-Gros (Le) — Canal de desséchement, com. de Saint-Remy — Cours : 1,800 m.

Prat-Long (Le) — Canal de desséchement, com. de Saint-Remy — Cours : 2,500 m.

Pravedel (Le) — Canal d'arrosage et de vidange, en Camargue, com. d'Arles — Cours : 7,445 m.

Prépaou (Le) — Hameau, 137 hab., com. et cant. d'Istres (2 kil.) — A 300 m. de Rassuen.

Puech de Vallon ou **Puech de Valloni** — Com. d'Alleins (1 kil. 500 m.) et du Vernégues (1 kil.), — Plateau remarquable par sa belle position (Altitude : 400 m.) et les ruines nombreuses qu'on y remarque : débris romains, tombes, chapelle de Saint-Cens — Calvaire créé en 1861 — Ancien nom : *Castrum de Avellone* (XI⁰ s.).

Pugère (La Grande) — Hameau, com. et cant. de Trets (4 kil. 500 m.) — Sur la route nation. n° 7 — Autrefois : Grande Peigière ou Péagère — Anciennement *Tegulata*, et postérieurement Bureau de Péage — Champ de bataille de C. Marius, choisi pour l'extermination des Ambrons et des Teutons.

Pujol (Le) — Hameau, com, d'Auriol (500 m.) cant. de Roquevaire (4 kil. 200 m.) — Sur l'Huveaune. — Ancien nom : *Podiolum* (817).

Putis (Les) — Hameau, 54 hab., com. de Simiane (2 kil. 200 m.) cant. de Gardanne (6 kil. 500 m.) — Dans un vallon.

Puyloubier — Commune, 828 hab., cant. de Trets (9 kil.) arrond. d'Aix (29 kil.) — Altitude : 368 m. — Au pied méridional de Sainte-Victoire — Ancien nom : *Podium Luperium* (1040) montagne du Loup ou Loubet (ruisseau) — Église Saint-Pons (1869); Ruines du château; Ancienne église du XII⁰ s. — Huile, amandes, figues. — Visiter : Ermitage Saint-Ser et grotte convertie en chapelle — Site pittoresque.

Puyredon — Voir *Pierredon*.

Puyricard — Village, 1,200 hab., com. et cant. Nord d'Aix (6 kil.) — Altitude : 290 m. — Entre la Touloubre et la dérivation du canal du Verdon de la

Trévaresse. — Ancien nom : *Podium Richard* (1266) — Eglise l'Assomption (XIIe s.) — Ruines du château féodal; Ruines d'un château de plaisance construit en 1657 par un archevêque d'Aix et détruit par son successeur.

Puyricard — Station du chem. de fer de Marseille (40 kil.) à Pertuis (21 kil.)—Altitude : 297 m. 80 c. — Distance du village : 2 kil.

Puy-Saint-Canadet (Le) — Village : 135 hab., com. du Puy-Sainte-Réparade (5 kil. 500 m.) cant. de Peyrolles (13 kil.) arrond. d'Aix (14 kil.) — Sur le versant septentrional de la Trévaresse — Nom ancien : *Saint-Pierre-de-Féline*, seigneurie des Archevêques d'Aix — Eglise Saint-Pierre-ès-Liens (XVe s.)—Château moderne de Font-Vert—Visiter : Ruines du château de Félines.

Puy-Sainte-Réparade (Le)—Commune, 1,420 h., cant. de Peyrolles (13 kil.) arrond. d'Aix (18 kil.)— Altitude : 209 m. — Sur le chem. de gr. com. n° 4, à 1,500 m. de la Durance—Eglise l'Assomption (XVIe s.) Croix processionnelle en argent du XIIIe s.; Ruines du château du XIIIe s.; Débris de ruines romaines — Blé, mûriers, foin, bois de chênes — Moulins à eau — Visiter : Prise d'eau du canal de Marseille placée au-dessous du pont suspendu de Pertuis, à moins de 100 m. en amont de la première prise.

Q

Quatre-Chemins (Les) — Hameau, quart. des Aygalades, com. et 4ᵉ cant. de Marseille (5 kil. 900 m.).

Quatre-Chemins (Les) — Hameau, quart. de la Rose, com. de Marseille (5 kil. 500 m.).

Quatre-Tours (Les) — Hameau, com. de Rousset (2 kil.) cant. de Trets (5 kil.) — A 500 m. de l'Arc et à la limite de Peynier.

Quenin ou **Nof de Quenin** — Roubine des Vidanges, com. d'Arles — Cours : 609 m.

Quéyrié, Cairié ou **Keyrié** — Ancienne tour de garde — Origine du nom : *Cair* (celtique) pierre — Voir : **Keyrié**.

R

Rabassière (La) — Hameau, com. et cant. de Gardanne (5 kil.) — Sur la limite de Fuveau.

Rajols (Les) — Hameau, com. de Fuveau (2 kil.) cant. de Trets (9 kil.) — Altitude : 300 m. — A 1 kil. de la limite de Peynier.

Rambert — Hameau, 68 hab., com. et cant. de Gardanne (3 kil.) — Près de la limite d'Aix.

Rampaude (Les) — Hameau, com. d'Allauch (3 kil.) — Origine du nom : J.-B. *Rampal*, propriétaire (1636).

Rampaux (Les) — Hameau, quart. de la Valentine (1 kil. 200 m.) com. et 6ᵉ cant. de Marseille (5 kil. 500 m.) — Origine du nom : *Guillelmus Rampalinus*, propriétaire (1454) — Chapelle (1847).

Rampolins (Les) — Hameau, com. et cant. Sud

d'Aix (7 kil.) — Altitude : 191 m. — Près de la route nat, n° 8.

Rampins (Les) — Hameau, com. d'Allauch (2 kil. 500 m.) — A 500 m. du Logis-Neuf.

Ranquet (Le) — Hameau , com. et cant. d'Istres (4 kil. 500 m.) — Altitude : 38 m. — Sur le chem. de gr. com. n° 3. — Petit port, à l'issue du tunnel de Citis, sur l'étang de Berre.

Raphèle — Village, 2,045 hab., com. et cant. Est d'Arles (8 kil.) — Dans la Crau, sur la route dép. n° 1 — Altitude : 8 m. — Ancien nom : *Raphaël*, aubergiste — Eglise Saint-Genès (1854) — Foin.

Raphèle — Station de chemin de fer de Marseille (78 kil.) à Avignon (43 kil.) — Altitude : 8 m. — Distance du village : 300 m.

Rascaillan (Les) — Etangs, com. d'Arles (37 kil.) long. : 3 kil. ; larg. : 3 kil.

Rassuen — Hameau, 76 hab., com. et cant. d'Istres (2 kil. 700 m.) — Altitude : 9 m. — Saline importante et fabr. de produits chimiques.

Rassuen — Etang converti en saline (depuis le 12 frimaire an XII) — Superficie : 60 hect.

Rassuen — Station du chemin (d'intérêt local) de Miramas (12 kil.) à Port-de-Bouc (10 kil.).

Ratoneau — Ile du groupe portant le nom d'îles de Marseille, reliée à l'île de Pomègue, au Sud, par la digue formant le Frioul — Altitude du sommet : 88 m. — Anciens noms : PROTE (grec) la première — *Portus Ratonelli* (XIII° s.).

Ravine (La) — Roubine — Voir : *Grande Ravine*.

Raynauds (Les) — Hameau, com. de Vauvenargues (4 kil. 500 m.) cant. Nord d'Aix (8 kil.) — Près de la route dép. n° 13.

Réal de Châteaurenard (Le) — Canal; reçoit les eaux de l'Anguillon et se bifurque près de Châteaurenard; une branche parcourt le territoire de Châteaurenard, sur une long. de 7 kil. et va se perdre dans la Durance; l'autre branche traverse Eyragues où elle prend le nom de Béal du Moulin et après un cours de 380 m. va se jeter dans la roubine des Parties, à Maillane.

Réal de Maillane (Le) — Cours d'eau, allant de la Malgue, près d'Eyragues, à la Petite-Roubine, com. de Maillane — Long. : 3 kil.

Réal de Saint-Remy (Le) — Canal; commence dans les paluds de Mollégès, se continue dans un souterrain de 712 m., traverse Saint-Remy, arrose Maillane et finit à la Grande-Roubine — Long. : 9,058 m.

Réal-Vieux (Le) — Cours d'eau, com. de Saint-Remy et de Mollégès — Longueur : 940 m.

Réaltort (Le) — Bassin d'épuration du canal de Marseille (22 kil.) com. de Cabriès (5 kil.) — Est formé par un barrage de 600 m. de long. et 19 m. de hauteur *maxima* barrant la vallée et présente une surface d'eau de 58 hect.; sur une long. de 1,600 m. et une larg. *maxima* de 800 m. — Eau contenue en principe, bassin plein : 4,500,000 m. cubes.

Rebute (Le) — Hameau, quart. de Castelmouisson, com. de Barbentane, cant. de Châteaurenard — Habitations creusées dans le rocher — Moulinage de soie.

Rebuty — Hameau, 44 hab., com. de Gignac (2 kil. 300 m.) cant. de Martigues (18 kil. 500 m.) — Sur la route dép. n° 12, à 800 m. du ch. de fer.

Réclavier — Station du chemin de fer de Marseille (52 kil.) à Pertuis (9 kil.) — Altitude : 248 m. 20 c.

Redon (Le) — Etang, dans le Plan-de-Bourg, com. d'Arles — Entre le canal d'Arles à Bouc et le marais des Trinitaires.

Regage (Le)—Hameau, 44 hab., com. de Peypin (3 kil.) cant. de Roquevaire (10 kil.) — Dans les montagnes de Pierrascas — Etymologie : *Regax* (grec), grotte.

Régagnas (Le) — Ramification importante de la chaîne de montagnes de l'Etoile, entre Trets et Auriol—Sommet le plus élevé dans le département : 716 m.

Régalets (Les) — Hameau, 16 hab., com. de Mimet, canton de Gardanne.

Rellonguète (La) — Etang, com. des Saintes-Maries.

Remise (La) — Hameau, com. de Maussane (500 m.) cant. de Saint-Remy (9 kil. 500 m.) — Sur le versant meridional des rochers d'Entreconque.

Repos (Le) — Hameau, 122 hab., com. des Pennes (2 kil. 200 m.) cant. de Gardanne (17 kil.)—Sur la route dép. n° 1.

Rever du Jas (Le) — Hameau, 11 hab., com. de la Destrousse, cant. de Roquevaire.

Reynauds (Les) — Hameau, 20 hab., com. et cant. de Trets (5 kil.) — Altitude : 537 m. — Sur le versant méridional de Régagnas.

Rhée-Longue (La Grande et la Petite) — Etangs, com. des Saintes-Maries (6 kil.)

Rhône (Le) — Fleuve — Sépare le dép. des Bouches-du-Rhône de celui du Gard, sur une longueur de 34 kil. depuis son confluent avec la Durance, à 2 kil. de Barbentane, jusqu'à sa séparation en deux tranches. Il arrose ainsi les communes de Barbentane, Boulbon, Mezoargues et Tarascon. — A l'îlon des Canards, en amont d'Arles, le fleuve se bifurque : à l'Est, coule le Grand-Rhône, entraînant les trois quarts des eaux; à l'Ouest, le Petit-Rhône. Entre les deux bras s'étend la Camargue ou delta du Rhône. Le Grand-Rhône coule sur une longueur de 50 kil.; le Petit-Rhône a un cours de 56 kil. — La pente du fleuve, depuis son entrée dans le département jusqu'à la mer, est de 18 m.; sa largeur à Arles est de 150 m. et à la Tour Saint-Louis de 310 m.; sa profondeur la plus considérable, à Tarascon, est de 18 m.; aux embouchures elle n'est parfois que de 1 m. 40 c. — Le débit maximum est de 1,400 m. cubes et le débit minimum de 500 m. Le dépôt de limon qu'il charrie annuellement est de 5,000,000 de m. cubes.

Rhône-Mort (Le) — Dérivation artificielle du Rhône, barrée par l'écluse de Silvéréal, mais utilisée notamment pour le service des Salins de Peccais.— Sépare les Bouches-du-Rhône du Gard.

Rhône-Saint-Ferréol (Le) — Bras partant de la brassière de la Cape et se perdant dans les étangs de Malagroy et de l'Impérial.

Rhône-Vieux (Le) — Branche prenant l'eau au Grand-Rhône par la martelière de Chamone et formant l'île du Plan-du-Bourg, com. d'Arles.

Riabu (Le) — Nom donné mal à propos au *Vallat*, rivière qui se forme près de Rians (Var), passe à Jouques et se jette dans la Durance, com. de Jouques — Cours : 9,000 m. — Le véritable *Riaou* est un canal dérivé du *Vallat* qui dessert le moulin de Peyrolles.

Richards (Les) — Hameau, com. de Rognac.

Ribassière (La) — Hameau, 25 hab., com. et cant. de Gardanne.

Rigaud (Les) — Hameau, 63 h., com. de Mimet.

Rimière (La) ou **Ramière**—Hameau, com. de Barbentane (1 k. 500 m.) cant. de Chateaurenard (10 k.).

Riou — Hameau, com. et cant. de Roquevaire (4 kil.) — Sur le versant occidental de la chaîne de Roussargues.

Riou — Ile, au Sud de Marseille, à 2,200 m. de la Grand-Côte, com. de Marseille. — Altitude du sommet : 166 m. 54 c. — Longueur : 2,400 m. largeur : 600 m.

Rives-Hautes — Hameau , com. de Fuveau (2 kil. 500 m) cant. de Trets (11 kil. 500 m.) — Près de la route dép. n° 1. — Fabr. de ciment.

Rocassiers (Les) — Hameau, com. et cant. de Salon (3 kil.) — Sur la route dép. n° 14.

Rode (La) — Station du chemin de fer (d'intérêt local) de Tarascon (9 kil.) à Saint-Remy (6 kil.).

Rode (La Grande) — Hameau. com. de Mas-Blanc (800 m.) cant. de Tarascon (8 kil. 500 m.) — Sur la limite de Tarascon.—*Rode*, mot provençal, roue (de fabrique).

Rode (La Petite) — Hameau, com. de Mas-Blanc (800 m.) cant. de Tarascon (8 kil. 500 m.) — Sur la route nationale n° 99.

Rognac — Commune, 842 hab., cant. de Berre (7 kil.) arrond. d'Aix (27 kil.) — Altitude : 20 m.— Sur l'embranchement de la route dép. n° 8 et la ligne du chemin de fer de Marseille à Avignon — Port sur l'étang de Vaines—Ancien nom : *Castrum de Rochonas* (roche) — Église Saint-Jacques (1667) — Huile d'olive, amandes — Huileries — Voir aussi : *La Tête Noire et les Payrauds*.

Rognac — Station du chemin de fer de Marseille (27 kil. 200 m.) à Avignon (93 kil. 800 m.)—Altitude : 24 m. 20 c.—Bifurcation sur Aix (26 kil.)—La voie

ferrée passe entre les deux agglomérations principales.

Rognes — Commune, 1,617 hab., cant. de Lambesc (7 kil.) arr. d'Aix (19 kil. 200 m.) — Altitude:
323 m. — Sur le versant oriental d'une colline appartenant au groupe des Côtes et dominant la route
dép. n° 11 de Cadenet (9 kil. 700 m.) à Aix (19 kil.
200 m.) et sur le chemin de grande commun. n° 4
— Centre d'une nombreuse population à l'époque
romaine — Noms anciens : *Castrum de Rongnis*
(1150); *Castrum de Rouinas* — Eglise l'Assomption
(1607) — Ruines considérables du château féodal
le *Foussa*, au-dessus de plusieurs excavations jadis
habitées ; Ancienne église paroissiale attribuée aux
Templiers (ville supérieure); Tombes creusées dans
le roc dans l'ancien cimetière de la ville basse —
Maison avec curieuse cheminée du XVI° s. — Blé,
vin, légumes secs, amandes, truffes, bois, châtaignes
— Commerce de bestiaux — Carrières de pierres de
mollasse coquillière — *Foires* : Deuxième mercredi
de mai, 14 septembre, 9 octobre, 25 novembre. —
Visiter : Tournefort (voir ce mot) et les terrains
volcaniques de Beaulieu (dans la grande chaîne de
la Trévaresse.)

Rognonas — Commune, 1,382 hab., cant. de
Châteaurenard (5 kil.) arrond. d'Arles (33 kil.) —
Altitude: 21 m. — Dans une plaine, sur la route dép.
n° 15, et le chem. d'int. com. n° 12 — Ancien nom :
Rounonas (1213) — Eglise Saint-Pierre et Saint-
Paul (antérieure à 1213); Vasque en pierre froide
du IV° s. transformée en fonts-baptismaux — Grains,
légumes, foins, fruits — Aux environs : Pont suspendu sur la Durance, de 410 m. sur 5 piles (1843);
Pont du chemin de fer sur la même rivière de 533 m.
(1848).

Rognonas — Roubine, com. de Rognonas —
Cours : 3,200 m.

Rognonas — Pont sur la Durance, donnant passage à la route départementale n° 15 — Longueur : 410 m. (1843).

Rolland — Etang, entre les étangs de la Larbière et de Montblancard, en Camarguette, com. des Saintes-Maries.

Rollands (Les) — Hameau, com. et cant. de Peyrolles.

Romanil — Hameau, com. et cant. de Saint-Remy (7 kil.) — Sur le revers septentrional du mont de la Chaume ou *Caoumé* — Ancien nom : *Castrum de Romanini* (1275) — Château ruiné ; Chapelle Saint-Pierre — Célèbre par les Cours d'Amour qui s'y tinrent de 1270 à 1382.

Romans (Les) — Hameau, quartier des Accates com. et 6° cant. de Marseille (11 kil. 300 m.) — Origine du nom : François *Roman*, métayer (1579) — Visiter : Aqueduc et vallon de la Clue.

Roque (La) — Etang, entre l'étang du Galégeon et l'étang de Barras, com. de Fos — Long. : 3 kil. ; larg. : 1 kil.

Roque d'Anthéron (La) — Commune, 1,603 hab., cant. de Lambesc (16 kil.) par Rognes, arrond. d'Aix (28 kil.) — Altitude : 164 m. — Au pied du versant septentrional du massif des Côtes, sur le chem. de gr. com. n° 4, entre le canal de Crapponne et le canal de Marseille — Origine du nom : *Roca* (Roche) Ancien nom : *Rocca Anterona* (?) — Eglise l'Annonciation (1742) ; Château bâti par les Forbin (1605) ; Parc — Ruines de l'ancien château — Blé, amandes, maïs, tabac, garance, chardon, bois — Moulinage de soie, moulins à farine — *Marché* très important : 2° mercredi de chaque mois — Visiter : Restes imposants de l'abbaye de *Silvecane* (XIII° et XIV° s.). Voir ce mot ; Prise du canal de Crapponne, au pied du rocher de Gontard ; Bassin d'épuration de Saint-Christophe.

Roquefavour — Hameau, 67 hab., com. de Ventabren (5 kil.) cant. de Berre (16 kil. 500 m.) — Altitude : 90 m. — Sur l'Arc, le chemin vicinal n° 10 *bis*, de Ventabren, le chemin de fer de Rognac à Aix, et au-dessous de l'aqueduc du canal de Marseille — Papeterie, minoterie, fabr. de plâtre — Site le plus pittoresque du département, devenu plus remarquable encore depuis la construction du pont aqueduc composé de 3 étages d'arcades : 12 arcades au premier étage, 15 au second et 53 au troisième ; haut. totale : 82 m. 50 c. ; long. 400 m.— Visiter : Ermitage et chapelle Saint-Honorat (800 m.) ; Restes d'un vaste retranchement celtique, sur la crête de la montagne.

Roquefavour — Station du chemin de fer de Rognac (12 kil.) à Aix (14 kil.) — Altitude : 94 m. 85 c. — Touche au hameau.

Roquefeuille — Château, com. et cant. de Trets (3 kil.) — Au pied septentrional de l'Olympe — Autrefois église paroissiale : *Rocafolio* (1135).

Roquefort — Commune, 648 hab., cant. de La Ciotat (14 kil. 300 m,) arrond. de Marseille (27 kil. 200 m.) — Altitude : 328 m. — Dans un vallon prolongé, sur le chem. de gr. com. n° 1 —Ancien nom : *Roca fortis* (1079) — Ruines du vieux château: Église Saint-Jean-Baptiste (1737) — Céréales, légumes secs, bois — Ciments renommés, chaux hydraulique — Visiter : Vieux *Julhan* (Voir ce mot).

Roquefort — Chaîne de montagnes, ramification de la grande chaîne de Sainte-Baume — Point culminant : l'Ancien télégraphe : 520 m.

Roquemartine — Domaine, com. et cant. d'Eyguières (3 kil. 500 m.) — Dans un vallon, à 1 kil. du ch. de gr. com. n° 10 — Château du XVIIe s.; belles avenues, moulin — A 2 kil. à l'Est, sur un promontoire du chaînon dit de *Roquemartine,* dominant le ch. d'int. com. n° 18 et le ch. de gr. com. n° 10 : Restes considérables d'un château (Castelas) du X° s., célèbre à l'époque des Raymond-Bérenger — Altitude : 225 m. — Ancien nom : *Roccamartina* (1100) — Constructions de diverses époques ruinées ; Belle tour de 20 m. de hauteur — Site sauvage.

Roque-Maure — Canal d'arrosage commençant au Rhône (fort de Pâques) et aboutissant au Valcarès, com. d'Arles — Cours : 12,164 m.

Roques-Hautes — Hameau et château moderne, com. de Beaurecueil (3 kil.) cant. de Trets (22 kil.) — Altitude 278 m. — Ch.-l. de com. en 1790, réunie depuis à Beaurecueil — Huile d'olive, carrière de marbre.

Roquette (La) — Hameau , 40 hab., com. de Fuveau (5 kil.) cant. de Trets (15 kil. 500 m.) — Altitude : 230 m. — A 600 m. de la limite de Meyreuil.

Roquevaire — Canton ; 7 com. ; 12,682 hect. ; 12,212 hab. — Auriol — Belcodène — Destrousse (La) — Gréasque — Peypin — Roquevaire.

Roquevaire — Commune, 3,558 hab., ch.-l. de cant. de l'arrond. de Marseille (26 kil.) — Altitude : 174 m. — Dans une vallée étroite, sur l'Huveaune, la route nat. n° 96, et le ch. de fer d'Aubagne à Valdonne — Ancien nom : *Castrum Roche Varie* (1212) — Restes de l'ancien château — Église paroissiale Saint-Vincent (1715-1739) ; Hôtel-de-Ville (1864) ; Chapelle des Pénitents blancs (1835) ; Chapelle de la Congrégation des filles (1876) ; Hospice (1835) ; Pensionnat de Saint-Joseph (ancien château de Cabre) — Blé, légumes verts, fruits en abondance, câpres — Minoteries, moulins à huile et à tan, fab. de porcelaine opaque et de faïence, de savon, d'huile, de papier, de toiles ; tonnelleries, trituration de plâtre, briquetteries, fab. de ciment, de machines et mécaniques, moulins de ressence, fab. de tourteaux, carrières de plâtre. — *Foires* : 22 janvier, 24 juin, 16 août, 3 novembre — Visiter : Chapelle Saint-Vincent, sur l'Huveaune.

Roquevaire — Station du chemin de fer d'Aubagne (8 kil.) à Valdonne (9 kil.) — Altitude : 160 m. 40 c.— Distance de la ville : 500 m.

Rose (La) — Hameau, quart. de Saint-Jérôme, com. et 4ᵉ cant. de Marseille (6 kil. 500 m.)— Sur la route nat. n° 8 *bis* et le ch. de gr. com. n° 11 — Anciens noms : *Pas de Rodel* et *Aquas Bonas* (XIᵉ s.) — Maison des Dames de Saint-Maur — Source conduite à Marseille (1840).

Rose (La) — Hameau, 39 hab., com. de Gignac cant. de Martigues.

Roubeau — Hameau, 29 hab., com. de Simiane (3 kil.) cant. de Gardanne (3 kil. 500 m.) — Sur la limite de Mimet.

Roubian (Le Petit)—Roubine, com. de Tarascon (3 kil.).

Roubauds (Les) — Hameau, 64 hab., com. d'Allauch (2 kil.), 6ᵉ cant. de Marseille (9 kil. 800 m.)— Sur la route nat. n° 8 *bis* — Ancien nom : *Robaut* (1294).

Roubinasse (La) — Roubine - Pourrie des Vidanges, com. d'Arles — Cours : 1,983 m.

Roubine (La Grande) — Roubine considérable traversant les com. d'Eyragues, Saint-Remy et Tarascon — Cours total : 21,930 m.

Roubine-de-Maillane (La Grande) — Com. de Maillane —Cours : 4,670 m.

Roubine-d'Eyragues (La Grande) — Com. d'Eyragues — Cours : 4,090 m.

Roubine (La Petite) — Com. d'Eyragues et de Saint-Remy — Cours : 7,926 m.

Roubine-Nouvelle (La)—Com. de Graveson.

Roubine-Vieille (La) — Com. de Barbentane — Cours : 2,214 m.

Roubine-Vieille (La) — Com. de Tarascon — Cours : 4,260 m.

Roucas-Blanc (Le) — Hameau, quart. de Saint-Cassien, com. et 5ᵉ cant. de Marseille (5 kil. 300 m.) — Sur le chemin de la Corniche — Etablissement de Bains de mer et d'eau thermale — Villas superbes.

Rouet (Le)—Village, 2,682 hab., com. et 5ᵉ cant. de Marseille (2 kil. 600 m.) — Altitude : 17 m. — Sur le ch. de gr. com. n° 1 (de Cassis) — Origine du nom : *Rot*, route (XIᵉ s.) — Eglise Notre-Dame (XIᵉ s.) curieuse avant d'avoir été défigurée (1875) — Marbreries, scieries, fab. d'allumettes et autres usines importantes.

Rouet (Le) — Hameau, com. de Carri (3 kil.) cant. de Martigues (19 kil.)—Petit port, au pied de la chaîne de l'Estaque — Origine du nom : *Rot*, route —Chapelle Notre-Dame (1653) sur un rocher. — Saline.

Roumartin (Le) ou **Merlançon** — Ruisseau ; se forme au-dessus des Pennes, traverse les communes de Gignac et de Marignane et se jette dans la Cadière, près de Marignane — Cours : 9,000 m.

Roure (Le) — Hameau, 150 hab., com. de Malemort, cant. d'Eyguières.

Roussargues—Chaîne de montagnes appartenant à la grande chaîne de Sainte-Beaume, au Sud d'Auriol et à l'Est de Roquevaire—Altitude : 860 m.

Rousset — Commune, 853 hab., cant. de Trets (7 kil.) arrond. d'Aix (16 kil.) — Altitude : 245 m.

— Sur le versant méridional du Conglo et le ruisseau d'Ayguevive — Eglise l'Immaculée Conception (1863) — Blé, huile d'olives, mûriers — Distillerie, moulin à huile, fab. de charrues — *Foire* : 8 juin (renvoyée au lendemain en cas de fête).

Rousset (Le) — Hameau, com. de Rognonas (1 kil.) cant. de Châteaurenard (6 kil.) — Sur la route dép. n° 15.

Roussillon — Hameau, 17 hab., com. de Simiane, cant. de Gardanne.

Route départementale n° 1 de Marseille à Nîmes — Long. : 87 kil. 827 m. — Commence au village de Saint-Antoine, passe aux Cadeneaux, traverse les Pennes (sous un tunnel), dessert Rognac, Lafare, Lançon, Salon et traversant la Crau atteint Arles, et après avoir franchi le Rhône, aboutit à Nîmes (Gard).

Route départementale n° 2 d'Aix à Pertuis — Long. : 6 kil. 615 m. — S'embranche sur la route nat. n° 96, à la limite de Venelles, et se dirigeant vers le Nord passe sur la Durance et atteint cette ville en face de Pertuis (Vaucluse).

Route départementale n° 3 de Marseille à Saint-Maximin — Long. : 11 kil. 797 m. — Commence à Aubagne, atteint le pont de l'Etoile où elle emprunte le tracé de la route nat. n° 96, jusqu'aux approches de la station du chem. de fer d'Auriol; reprenant la direction de l'Est, puis traverse Auriol et longeant alors l'Huveaune atteint la limite de Saint-Zacharie (Var).

Route départementale n° 4 d'Orgon à Cavaillon — Long. : 3 kil. 181 m. — S'embranche sur la route nat. n° 7, à 1,500 m. d'Orgon, et rejoint la route dép. n° 18, en longeant la Durance, à la distance de 1 kil.

Route départementale n° 5 d'Aix à Rians par Jouques — Long. : 9 kil. 911 m. — S'embranche sur la route nat. n° 96, près de Peyrolles, traverse Jouques et atteint la limite de Rians (Var).

Route départementale n° 6 d'Aix à Martigues — Long. : 29 kil. 389 m. — Commence au pont de l'Arc, près d'Aix, dessert les Milles, contourne le bassin de Réaltort, traverse la commune de Vitrolles, passe à Marignane et aboutit à la route dép. n° 12, près du point de rencontre des limites de Châteauneuf, de Gignac et de Marignane.

Route départementale n° 7 d'Aix à Istres — Long. : 49 kil. 287 m. — Commence à Aix, traverse la commune de Ventabren, passe à Lafare, à Calissanne, va côtoyer l'étang de Berre, dessert Saint-Chamas, touche la station de Miramas et aboutit à Istres.

Route départementale n° 8 d'Aix à Berre — Long. : 13 kil. 780 m. — S'embranche sur la route dép. n° 7, près de la limite de Ventabren, franchit deux fois la ligne de Rognac à Aix, traverse le territoire de Velaux, longe, puis coupe la ligne de Marseille à Avignon et rejoint l'embranch. de la route dép. n° 1, à 500 m. de Berre.

Route départementale n° 9 d'Aix à Digne — Long. : 10 kil. 954 m. — S'embranche à la route nat. n° 96, au pont de Mirabeau, passe à Saint-Paul-lès-Durance et atteint la limite de Vinon (Var).

Route départementale n° 10 d'Avignon à Salon — Long. : 11 kil. 793 m. — Commence à la route nat. n° 7, près de Sénas, passe à Lamanon, et aboutit à Salon.

Route départementale n° 11 d'Aix à Cadenet — Long. : 16 kil. 546 m. — S'embranche sur la route nat. n° 7, à 9 kil. d'Aix, gravit la Trévaresse, passe à Rognes, longe le bassin de Saint-Christophe et, franchissant la Durance, à l'aide du pont de Cadenet, atteint cette ville (Vaucluse).

Route départementale n° 12 de Marseille à Port-de-Bouc — Long. : 29 kil. 003 m. — S'embranche sur la route dép. n° 1, à l'Assassin, près des Pennes, passe au-dessus du Pas-des-Lanciers, traverse Gignac, longe la ligne du ch. de fer de Martigues, traverse cette ville et passant au Nord de l'étang de Caronte, atteint le canal d'Arles à Bouc, en ayant de Port-de-Bouc.

Route départementale n° 13 d'Aix à Rians, par Vauvenargues — Longueur : 23 kil. 060 m. — Commence à Aix, traverse Saint-Marc et Vauvenargues et, parcourant le mont Sainte-Victoire dans toute sa longueur, atteint la limite de Rians (Var).

Route départementale n° 14 d'Aix à Salon — Long. : 16 kil. 034 m. — Commence à Saint-Cannat, suit la vallée de la Touloubre, passe à 1 kil. de Labarben, traverse Pélissanne et rejoint la route dép. n° 1, à 1 kil. au Sud de Salon.

Route départementale n° 15 d'Arles à Avignon — Long. : 35 kil. 794 m. — Commence à Arles, va passer à Tarascon, contourne la Montagnette, touche Graveson, traverse Rognonas et franchissant la Durance, atteint le territoire d'Avignon (Vaucluse).

Route départementale n° 16 de Marseille à La Ciotat — Long. 18 kil. 138 m. — Commence à Aubagne, passe à la Bédoule (Roquefort), coupe le territoire de Cassis et aboutit à La Ciotat.

Route départementale n° 17 de Saint-Gabriel à Saint-Remy — Long. : 3 kil. 845 m. — S'embranche à la route dép. n° 15, à Saint-Gabriel, et rejoint la route nation. n° 99, près de Saint-Étienne-du-Grès.

Route départementale n° 18 de Saint-Remy à Cavaillon — Long. : 2 kil. 282 m. — Commence à la route nation. n° 7, à la suite de la route nation. n° 99, franchit la Durance à l'aide du pont dit de Cavaillon et atteint cette ville (Vaucluse).

Route départementale n° 19 d'Aix à L'Isle — Long. : 3 kil. 060 m. — S'embranche sur la route nation. n° 7, à 1 kil. de Pont-Royal, traverse Malemort et atteint le territoire de Mérindol (Vaucluse) en franchissant la Durance, sur le pont de Malemort.

Route départementale n° 20 de la Malle à Trets — Long. : 30 kil. 204 m. — Commence à la route nation. n° 8, prenant la suite du chem. d'intérêt com. n° 2 près de la station de Bouc-la-Malle, passe à Gardanne, et coupant les territoires de Fuveau, de Rousset et de Peynier, atteint la route nation. n° 8 *bis*, près de Trets.

Route nationale n° 7, de Paris à Antibes — Long. : 86 kil. 2 9 m. — Entre dans le département par le pont de Bonpas (Caumont), sur la Durance, coupe les territoires de Noves et de Verquières, passe à Saint-Andiol, à Orgon, à Sénas, traverse le territoire de Rousset, effleure celui de Puyloubier et atteint la limite du Var, à la Grande-Pugère.

Route nationale n° 8, de Paris à Toulon — Long. : 64 kil. 086 m. — Commence à Aix, passe à Luynes, coupe le territoire de Bouc, puis, traverse Septèmes, Saint-Antoine, Marseille, Saint-Marcel, La Penne, Aubagne, Cuges et atteint la limite du département du Var.

Route nationale n° 8 *bis* de Marseille en Italie — Long. : 43 kil. 115 m. — Commence au Port-Vieux à Marseille, traverse les Chartreux, le Plan-de-Cuques, la Bourdonnière, passe à Valdonne, à La Pomme, traverse Peynier, Trets et atteint, à limite de Pourcieux (Var).

Route nationale n° 96 de Toulon à Sisteron — Long. : 60 kil. 506 m. — S'embranche sur la route nat. n° 8, passe à Gémenos, Pont-de-l'Étoile, Roquevaire, La Destrousse, La Bouilladisse, La Pomme, coupe les territoires de Belcodène et de Fuveau et suit la route nat. n° 7, à 2 kil. de Meyreuil, jusqu'à Aix ; puis, se détache de cette ville, passe à Venelles, traverse Meyrargues et Peyrolles, longe la Durance et franchit enfin cette rivière à l'aide du pont de Mirabeau.

Route nationale n° 99 d'Aix à Montauban — Long. : 29 kil. 755 m. — Commence à la route nat. n° 7, en face de la route dép. n° 18, sur le territoire d'Orgon, coupe les territoires de Mollégès et d'Eygalières, passe à Saint-Remy, à Mas-Blanc, à Saint-Étienne-du-Grès, traverse Tarascon et franchit le Rhône sur le pont suspendu, et a atteint ainsi Beaucaire (Gard).

Rouvian — Hameau, com. et cant. Est d'Arles (14 kil.) — Dans la Crau.

Rouvière (Le Grand et le Petit) — Hameau, 29 hab., com. de Roquefort (3 kil. 500 m.) cant. de La Ciotat (17 kil. 500 m.) — Sur le versant méridional du chaînon de l'Anguilar.

Roux (Les) — Hameau, 42 hab., com. de Meyreuil (1 kil.) cant. Sud d'Aix (7 kil.) — Près de la limite de Gardanne.

Rove (Le) — Commune, 755 hab., cant. de Martigues (25 kil.) arrond. d'Aix (30 kil.) — Altitude : 150 m. — Dans un vallon, sur le ch. d'intérêt com. n° 15 — Origine du nom : *Rot*, route — Église Sainte-Anne (1789) — Blé, amandes, légumes secs, bois — Chèvres, laitages.

Roy (Le) — Roubine de vidange — Aboutit au Rhône, près d'Arles, com. d'Arles — Cours : 1,100 m.

Roy (Le) — Roubine, allant des salines de Badon au canal de Bras-de-Fer, en Basse-Camargue, com. d'Arles.

Royalette (La) — Roubine d'arrosage, allant du Rhône aux marais de Sigoulette, com. d'Arles — Cours : 8 kil.

Royère (La)—Hameau, com. de Charleval (2 kil. 500 m.) cant. de Lambesc (16 kil.) — Hameau très important au moyen-âge.

Ruissatel (Le) — Montagne appartenant à la chaîne de l'Etoile, entre Marseille et Aubagne — Altitude : 445 m.

S

Sabatéry — Hameau, 76 hab., com. de Marignane (5 kil.) cant. de Martigues (18 kil.) — Sur la ligne du chemin de fer de Martigues.

Saffre — Hameau, 11 hab., com. de Simiane (2 kil.) cant. de Gardanne (2 kil. 500 m.) — Près de la route dép. n° 20.

Sagnon — Hameau, 79 hab., com. de Graveson cant. de Châteaurenard.

Saint-Andiol — Commune, 1,170 hab., cant. d'Orgon (10 kil.) arrond. d'Arles (45 kil.) — Altitude : 53 m. — Dans une plaine très riche, sur la route nat. n° 7 — Ancien nom : *S. Andeoli villa* (1204) — Église Saint-Andiol (1567) portant des restes de fortifications attribuées aux Frères-Pontifes (Mausolée, chaire, boiseries); Château du XVIIe s. et beau parc — Céréales, légumes, garance, chardons, chanvre — Minoterie, fab. de soie — Visiter : Oratoire Saint Roch (XVIIIe s.); aux Clapiers : Ruines d'un monastère.

Saint-André — Village, com. de Marseille — Voir : *Séon-Saint-André*.

Saint-André — Hameau, 20 hab., com. et cant. de Gardanne (1 kil.) — Sur le ruisseau de Maulx.

Saint-André — Station du chemin de fer de Marseille (8 kil. 300 m.) à Avignon (112 kil. 500 m.) — Altitude : 51 m. 50 c.

Saint-Antoine — Hameau, com. de Cornillon (3 kil. 500 m.) cant. de Salon (7 kil.) — Sur la limite de Lançon.

Saint-Antoine — Village, 1,168 hab., com. et 4e cant. de Marseille (8 kil. 800 m.) — Altitude : 145 m. — Sur la route nat. n° 8 (d'Aix) — Origine du nom : Propriété des Antonins : *Honor Sancti*

Antonii (1288) — C'est à tort que l'on croit qu'il y avait jadis un hospice d'incurables—Eglise Saint-Antoine (1677-1859) — Minoteries, huileries, etc.

Saint-Antoine — Station du ch. de fer de Marseille (10 kil.) à Pertuis (51 kil.)—Altitude : 146 m. — Touche au village.

Saint-Antonin — Commune, 107 hab., cant. de Trets (25 kil.) arrond. d'Aix (11 kil.) — Altitude : 423 m. — Au centre d'un vaste plateau formé par le Cengle, (chaîne de Sainte-Victoire) — Ancien nom : *Cella S. Antonini* (1079) — Eglise Saint-Antonin (1760) — Blé, huile d'olives — Carrières de plâtre et de brèche. — *Foire* : Mardi de Pentecôte. — Visiter : Ruines de l'ancien château, au pied de l'escarpement de Sainte-Victoire — Restes d'un aqueduc romain — Ruines d'un hospice attribué aux Templiers. — Sources abondantes.

Saint-Bâche — Ferme, com. de Jouques (4 kil. 500 m.) cant. de Peyrolles (9 kil.)—Au sommet d'une montagne, au-dessous de la route dép. n° 5, près de la limite du département — Ancien ermitage nommé vulgairement *San-Baqui*.

Saint-Barnabé — Village, 2,674 hab., com. et 4e cant. de Marseille (3 kil. 200 m.) — Altitude : 90 m. — Ancien nom : *Vallis de Paixar* (1216) — Origine du nom : Fondation de *Barnabé Capelle* (1472) — Belle église Saint-Barnabé (1846) — Fabr. de produits chimiques.

Saint-Barthélemy — Village, 719 hab., com. et 4e cant. de Marseille (4 kil.) — Dans un bas-fond inférieur à la ligne du chemin de fer — Altitude : 48 m. — Eglise Saint-Barthélemy (1862) — Maison hospitalière de Saint-Jean-de-Dieu (1852).

Saint-Barthélemy — Station du chemin de fer de Marseille (2 kil. 750 m.) à Avignon (118 kil.)

050 m.) — Altitude : 48 m. 70 c.— Bifurcation sur Aix et Pertuis (60 kil.) — Touche au village.

Saint-Baudile — Hameau, 69 hab., com. et cant. de Gardanne (3 kil.) — A 600 m. de la limite de Mimet.

Saint-Blaise — Petit hameau, 28 hab., com. de Saint-Mitre (3 kil. 500 m.) cant. d'Istres (10 kil.) — Sur le chaînon d'Avarage séparant les étangs de Poura et de Citis des étangs d'Engrenier et de Lavalduc. — Caserne de Douanes ; Chapelle très-ancienne de Saint-Blaise ; Ruines très-considérables de *Maritima Avaticorum*, colonie massaliète, et de Castelveire ou Châteauvieux, ville du moyen-Âge. — Site très-intéressant.

Saint-Canadet ou **La Carcasse** — Ruisseau ; se forme dans la Trévaresse et se jette dans la Durance.

Saint-Canadet — Village — Voir : *Puy-Saint-Canadet*.

Saint-Cannat — Commune, 1,535 hab., cant. de Lambesc (4 kil. 500 m.) arrond. d'Aix (16 kil.) — Altitude : 260 m. — Dans une plaine sur la route nat. n° 7 — Anciens noms : *Sauzet* (VI° s.) *Castrum S. Cannati* (1156) — Eglise la Nativité (XII° s.) — Ruines d'un ancien château des évêques de Marseille — Blé, huile d'olive, amandes, tabac — Fab. de charrues et d'eau-de-vie, huileries, minoteries, fabr. de vannerie — *Biog.* Bailli de Suffren (1788) et L.-J. de Suffren (1796) — *Foires* : Ascension, 8 septembre (bestiaux) — A visiter : Chapelle Notre-Dame-de-Vie : Ferme école de la Montaurone.

Saint-Chamas — Commune, 2,814 hab., cant. d'Istres (8 kil.) arrond. d'Aix (36 kil. 500 m.) — Altitude : 5 m. — Sur les bords de l'étang de Saint-Chamas, partie de l'étang de Berre — Petit port — Ancien nom : *Sanctus-Amantius* (1328) — Grottes encore habitées dans les rochers dominant la ville à l'E.; Eglise Saint-Léger (1658); Chapelle N.-D. de Miséricorde (au sommet de la colline); Chapelle de Saint-Léger (1850); Poudrerie de l'Etat, établissement considérable fondé en 1670; Porte de l'ancien village (XV{^{e}} s.); Moulin à huile de la Grand'Baume, immense grotte de 60 mètres de longueur sur 40 mètres de largeur, taillée en entier dans la montagne — Foin, mûriers, huile, pépinières — Brasserie, chaux hydraulique, fonderies, huileries, minoteries, préparation d'olives à la picholine, fabrique de tourteaux, filature de cocons — Pêche et chasse sur l'étang — *Foires* : 6 septembre, 2 octobre — Visiter : Le Pont Flavien, ouvrage romain d'une complète conservation, sur la Touloubre; arche unique aux extrémités de laquelle se dressent deux arcs de triomphe d'ordre corinthien; longueur du pont : 21 m. 40 c.; hauteur : 7 m.; largeur : 6 m. 20 c. — Viaduc du chemin de fer, composé de 49 arches.

Saint-Charles — Faubourg de Marseille (2 kil.) —Origine du nom : Fondation de la dame Bouzelle d'une chapelle de Saint-Charles (1614) — Quartier renfermant de grands établissements : Gare du chemin de fer, Caserne, Manufacture de tabacs, Pensionnats, Couvents, Observatoire, etc.

Saint-Charles — Gare centrale des chemins de fer de la C{^{ie}} P.-L.-M.—Altitude de la voie: 47 m. 98 c. — Distance de Paris : 863 kil.

Saint-Claude — Hameau, com. d'Auriol (600 m.) cant. de Roquevaire (3 kil. 500 m.) — Sur la route dép. n° 3.

Sainte-Confosse — Montagne appartenant au chaînon de Sambuc, chaîne de Sainte-Victoire. — Altitude : 780 m.

Sainte-Confosse — Chapelle, com. de Jouques

(6 kil.) — Ancien ermitage au sommet du Sambuc, sur la limite de Jouques et de Vauvenargues — Ancien nom : *San-Consossi* ; nom religieux moderne : *Sainte-Consorce* — Beau point de vue.

Saint-Cyr — Montagne, se reliant au massif de Carpiagne et à la chaîne de Roquefort, com. de Marseille — Altitude : 659 m.

Saint-Didier — Hameau, com. et cant. de Saint-Remy (7 kil. 500 m.) — Sur la limite d'Eygalières, près de la route nat. n° 99.

Saint-Dominique — Hameau, com. et 6ᵉ cant. de Marseille (6 kil. 200 m.) — Ancienne église (1499) ; Tour élevée et Bastide du consul Charles de Casaulx.

Sainte-Anne — Village, 829 hab., com. et 5ᵉ cant. de Marseille (4 kil. 500 m.) — Altitude : 18 m. — Dans la plaine de Mazargues — Origine ; Église Sainte-Anne (1859) — Belles maisons de campagne.

Sainte-Anne-de-Goiron — Plateau, au centre du groupe des Côtes, com. de la Roque d'Anthéron (4 kil. 500 m.) et de Lambesc (5 kil. 500 m.) — Altitude : 465 m. — Restes d'un oppidum gaulois (ou celtique) — Point de vue admirable — Ermitage et chapelle de Sainte-Anne (XIIIᵉ s.) célèbre dans la contrée — Tombes nombreuses creusées dans le roc — Grottes importantes de la Balme habitées à diverses époques—Site magnifique, un des plus beaux de la Provence.

Sainte-Baume — Chaîne considérable de montagnes dont le nœud central est dans le département du Var. Son nom lui vient de la *Grotte* dans lequel une tradition éminemment provençale fait vivre sainte Marie-Madeleine pendant 33 ans—La chaîne, dans les Bouches-du-Rhône, se ramifie en trois branches : Roussargues, Roquefort et Gardiole (Voir ces mots.) Ces trois chaînons, dans leur ensemble, forment un demi-cercle, ouvert du côté du Sud-Ouest et dont la corde à 30 kil. de long., depuis la limite Est du département jusqu'à Marseille. — Les points les plus élevés sont dans les Bouches-du-Rhône : le Baou ou Pic de Bretagne (1,043 m.) qui commande le bassin de Cuges; la Tête de Roussargues (860 m.) au-dessus de Gémenos; Saint-Cyr (659 m.) territoire de Saint-Marcel; le Carpiagne (646 m.) entre l'Huveaune et le bassin de Cassis; la Tête de Puget ou Cap-Gros (633 m.) au-dessus de Sormiou et de Morgiou; Marseilleveire (467 m.) au-dessus de Calclongue et de Montredon; Canaille (416 m.) entre Cassis et La Ciotat, et Notre-Dame-de-la-Garde (150 m.) à Marseille.

Sainte-Catherine — Hameau, 25 hab., com. et cant. de Trets (3 kil.) — Sur la route nat. n° 8 *bis*.

Sainte-Cécile — Château ruiné, chapelle et grottes, quartier de Saint-Pierre, com. d'Eyguières.

Sainte-Croix — Ancien ermitage, chapelle du XII⁰ s., com. de Salon — (3 kil. 500 m.) Sur les ruines d'un habitat celtique, berceau de la ville de Salon — Altitude : 295 m.

Sainte-Croix — Hameau, com. de Charleval (2 kil. 100 m.) cant. de Lambesc (13 kil.) — Sur les ruines d'une ville romaine — (Débris divers) — Touche au canal de Crapponne.

Sainte-Croix — Montagne, chaîne de Roquefort, com. de Marseille — Altitude : 310 m. — Débris d'une chapelle.

Sainte-Marguerite — Village, 962 hab., com. et 5⁰ cant. de Marseille (3 kil. 800 m.) — Altitude : 14 m. près de l'Huveaune; 30 m. à l'église — Au centre d'une plaine inclinée, sur le chem. de gr. com. n° 1, près de l'Huveaune — Origine du nom : *Rivum Margaritam* (1010) — Église Sainte-Marguerite (1851) — Établiss. des Trinitaires de Valence et des

Dames de N.-D.-de-Sion — Maisons de campagne magnifiques.

Sainte-Marthe — Village, 1,349 hab., com. et 4° cant. de Marseille (6 kil. 100 m.) — Altitude : 110 m. devant l'église — Sur le chem. de gr. com. n° 11 et la ligne du chemin de fer de Pertuis — Origine du nom : *Terra hospitalis S. Marthe* (1209) — Église Sainte-Marthe (1652) sur une colline (alt. 116 m.) d'où l'on jouit d'une vue étendue — Foin — Minoteries : fabr. de pétrole.

Sainte-Marthe — Station-halte du chemin de fer de Marseille (6 kil. 100 m.) à Pertuis (55 kil.) — Altitude : 82 m. 60 c. — Touche au Melon (section du village).

Sainte-Marthe — Source abondante, à 400 m. des Bessons, com. de Marseille (6 kil. 700 m.) — Origine du ruisseau de Plombière.

Saintes-Maries (Les) — Canton; 1 commune : Les Saintes-Maries; 37,591 hect. ; 926 hab.).

Saintes-Maries (Les) — Commune , 926 hab., ch.-l. de cant. de l'arrond. d'Arles (37 kil.) — Sur une plage sablonneuse, au bord de la mer, dans la Basse-Camargue, à 1 kil. à l'Ouest , du Petit-Rhône — Anciens noms : *S. Maria de Ratis* (VI° s.); *S. Maria de Mare* (1114); Les Saintes-Maries-de-la-Mer — Église fortifiée (980) restaurée en 1864 — Belles sculptures; Tombeaux qui, suivant la tradition provençale , ont renfermé les corps des saintes femmes Marie , mère de saint Jacques-le-Mineur et Marie Salomé; Reliques nombreuses; Innombrables *ex-voto* déposés par les pèlerins — Sous l'église, Fontaine dont l'eau passe pour guérir de l'hydrophobie — Céréales — Bêtes à laine, taureaux, vaches et chevaux à l'état libre — Pêche , marais salants.

Saint-Estève — Hameau , com. et cant. de Berre (4 kil,) — Dans la plaine , à 500 m. de l'Arc.

Saint-Estève, Paganet ou **Paillanet** — Hameau , 30 hab., com. et cant. de Gardanne (2 kil. 500 m.) — Mal à propos nommé Saint-Étienne — Vieille chapelle sur les ruines d'un établissement romain.

Saint-Estève-Janson — Commune , 158 hab. , cant. de Lambesc (17 kil.) arrond. d'Aix (23 kil.) — Comprise dans la circonscription paroissiale du Puy-Sainte-Réparade (4 kil.)—Altitude : 192 m. — Sur le bord de la Durance, autour de la petite chapelle de Saint-Etienne (XVI° s.) — Origine du nom : *Tour de Janson* (1453) — Seigle, légumes secs, mûriers — Visiter : Bassin de Ponserot (épuration des eaux du canal de Marseille).

Saint-Etienne-du-Grès — Village, 1,250 hab., com. et cant. de Tarascon (6 kil. 500 m.) — Sur la route nat. n° 99 et la route dép. n° 17 — Eglise Saint-Etienne.

Saint-Etienne — Station du ch. de fer (d'intérêt local) de Tarascon (5,876 m.) à Saint-Remy (8,787 m.) — Altitude : 8 m. 50 c. — Distance du village : 500 m.

Saint-Eutrope — Montagne de la chaîne de Sainte-Victoire, au-dessus d'Aix — Altitude : 387 m.

Sainte-Victoire — Chaîne de montagnes considérable, comprise entre la Durance, la Touloubre, l'Arc et l'étang de Berre. — Ses ramifications sont étendues. Sa longueur générale est de 60 kil. et sa direction du Nord-Est au Sud-Ouest. — Les chaînons principaux se nomment : le Sambuc, Sainte-Victoire, le Cengle (que l'on écrit aussi Sangle), tous les trois à l'Est de la ville d'Aix, et le chaînon d'Eguilles, à l'Ouest de ce chef-lieu d'arrondissement.—Les points culminants sont, dans le premier chaînon : le Grand-Sambuc : 615 m.; Sainte-

Confossc : 780 m.; la Coste (lim. du département) : 602 m.—dans le second : la Croix de Sainte-Victoire (relevée en 1875) 693 m.; la Citadelle : 716 m.—dans le troisième : le mont des Masques : 580 m. — dans le dernier : la Cordière : 306 m.; Eguilles : 274 m.

Saint-Gabriel — Hameau, com. et cant. de Tarascon (6 kil.) — Altitude : 3 m. 70 c. — Ville romaine *Ernaginum* — Tour de l'ancien château (XIVᵉ s.); Église romane très remarquable renfermant la célèbre inscription de Fronton.

Saint-Germain — Hameau, 67 hab.. com. de Simiane (2 kil.) cant. de Gardanne (6 kil. 500 m.)— Dans la montagne de l'Etoile — Village très ancien, presque entièrement abandonné—Connu aussi sous le nom de Venel-Saint-Germain, bien que les deux fussent distincts autrefois — Ancien nom : *Collum de Venello* (1056).

Saint-Giniez (Le Grand) — Village, 922 hab., com. et 5ᵉ cant. de Marseille (3 kil. 800 m.) — A 100 m. au Nord de la 2ᵉ ligne du Prado — Anciennement sur le bord de la mer, habitation lacustre, puis villa romaine, ensuite prieuré de Saint-Victor et enfin siége d'une paroisse.—Ancienne église antérieure à 1006; Église moderne (1638) entièrement relevée (1875).

Saint-Giniez (Le Petit) — Hameau, 884 hab., com. et 5ᵉ cant. de Marseille (4 kil. 200 m.) — Sur le chem. de Mazargues, au Sud de la 2ᵉ ligne du Prado — Moulins à farine.

Saint-Hippolyte — Hameau, com. de Venelles (3 kil. 500 m.) cant. Nord d'Aix (8 kil.) — A 1 kil. du chem. de fer.

Saint-Hippolyte — Hameau, com. de Pélissanne (2 kil.) cant. de Salon (6 kil. 500 m. — Dans la plaine.

Saint-Honorat — Ermitage, com. de Ventabren (3 kil.) cant. de Berre (18 kil.) — Bois, sites pittoresques — A 1 kil. de Roquefavour.

Saint-Jacques — Hameau, 81 hab., com. du Tholonet, cant. Nord d'Aix.

Saint-Jean — Hameau, com. de Malemort (1 kil.) cant. d'Eyguières (15 kil.) — Sur les bords de la Durance.

Saint-Jean — Etang, dans la Camarguette, com. des Saintes-Maries.

Saint-Jean de Bernasse — Chapelle, sur les ruines de *Pisavis*, ville romaine, com. de Pélissanne (2 kil.) cant. de Salon (3 kil. 500 m.) — Dans la plaine, près de la Touloubre.

Saint-Jean de Garguier — Hameau, com. de Gémenos (4 kil.) cant. d'Aubagne (4 kil. 500 m.) — Altitude : 170 m. 50 c.) — Près de la route nat. n° 96, sur les bords de la plaine d'Aubagne — Sur l'emplacement de l'emporium grec *Gargaria*, et de villas romaines — Chapelle Saint-Jean, élevée sur les ruines d'une plus ancienne (XVII° s.) — Château du XVIII° s. avec parc, à l'entrée d'un vallon sauvage — Fabr. de chaux hydraulique — Visiter : Saint-Clair, chapelle et ermitage en ruines où l'on trouve des restes de constructions et de débris de toutes les époques, sur une colline boisée — A 300 m. au-dessous, dans un vallon : grotte où l'on a recueilli, en 1874, des ossements de l'époque préhistorique.

Saint-Jean de Trets ou **du Puy** — Ermitage et chapelle, com. et cant. de Trets (5 kil.) — Une heure et demie de montée à pied — Sur la crête du Régagnas, au point divisoire des vallées de l'Arc et de l'Huveaune — Altitude : 658 m. — Constructions en bon état, sur l'emplacement présumé d'une maison de Cassianites — Site remarquable — Superbe point de vue.

Saint-Jean-du-Désert — Hameau, 127 hab., com. et 6ᵉ cant. de Marseille (5 kil.) — Sur un monticule — Chapelle Saint-Jean (1667) — Maison de campagne habitée par le poète Lantier — Anciennement, fabr. de faïence.

Saint-Jean-du-Grès — Hameau, com. de Fontvieille (2 kil.) cant. Est d'Arles (11 kil.) — Sur la limite de Tarascon — Chapelle — Ancien nom : *S. Johannes in Grisio* (XIᵉ s.).

Saint-Jérôme — Village, 1,253 hab., com. et 4ᵉ cant. de Marseille (5 kil. 300 m) — Altitude : 84 m. — Au pied des premiers contreforts de l'Etoile — Eglise Saint-Jérôme ayant appartenu à un couvent de Franciscains, fondé par le roi René (1470) — Maison de campagne qui fut habitée par la reine Jeanne de Laval (1461) — Foin, fruits.

Saint-Joseph — Village, 286 hab., com. et 4ᵉ cant. de Marseille (6 kil. 700 m.) — Altitude : 80 m. — En partie sur le ch. de gr. com. nº 11 — Ancien nom : *Valle Joseph* (965) — Eglise Saint Joseph (1648) — Château converti en pensionnat des Dames du Sacré-Cœur (1829), habité de 1808 à 1812 par Charles IV, roi d'Espagne — Foin — Minoteries.

Saint-Joseph — Station du chemin de fer de Marseille (5 kil. 200) à Avignon (116 kil.) — Altitude : 51 m. 10 c. — Distance du village : 1 kil.

Saint-Joseph — Hameau, com. de Peypin, cant. de Roquevaire.

Saint-Joseph — Chapelle remarquable (1876) élevée sur une colline, au-dessus du ch. de gr. com. nº 1, altitude 125 m. — Voir : *Le Cabot.*

Saint-Joseph — Hameau, com. de Peynier, cant. de Trets.

Saint-Julien — Village, 1,173 hab., com. et 6ᵉ cant. de Marseille (5 kil. 800 m.) — Altitude : 152m.

—Sur un plateau — Jolie église Saint-Julien (1696-1860); Porte et *barri* du XIV° s.; Autel votif romain (servant de piédestal à une croix) — Terrain d'où l'on extrait du sable jaune et des pierres pereillées — Fabr. de tuiles, fours à chaux — Site agréable.

Saint-Julien — Village, 244 hab., com. et cant. de Martigues (9 kil.)—Sur le ch. d'int. com. n° 15, dans un vallon — Église Saint-Julien (réparée en 1852) dont le mur septentrional offre un bas-relief romain, encore sur sa base, très remarquable par ses dimensions et le nombre de personnages qu'il représente.

Saint-Just — Village, 1,370 hab., com. et 4° cant. de Marseille (3 kil. 500 m.) — Altitude : 62 m. — Sur la route nat. n° 8 *bis* — Origine du nom : *Ecclesia sancti Justi* (1030) — Église Saint-Just (1711).

Saint-Lambert — Faubourg, com. et 5° cant. de Marseille (1,500 m.) — Altitude : 29 m. — Entre Endoume et les Catalans.

Saint-Lazare — Faubourg, com. et 4° cant. de Marseille— Altitude : 17 m.—Sur la route nat. n° 8 (d'Aix) — Église Saint-Lazare (1837).

Saint-Louis — Village, 2,175 hab., com. et 4° cant. de Marseille (5 kil. 700 m.)—Altitude : 62 m. —Sur la route nat. n°8 (d'Aix)—Église Saint-Louis (1683) — Chapelle de Pénitents (1853) — Hauts-fourneaux, minoteries, fab. diverses —Joli aqueduc du canal de Marseille.

Saint-Louis — Voir : *Port-Saint-Louis.*

Saint-Louis-lès-Orgon — Village, 1,043 hab. com. et cant. d'Orgon (3,850 m.) — Altitude : 69 m. —Dans une plaine, entre la route nat. n° 7, la route dép° n° 18 et la limite de Mollégès — Église Saint-Louis-du-Plan (1844).

Saint-Loup — Village, 2,175 hab., com. et 5e cant. de Marseille (5 kil. 700 m) — Altitude : 30 m. — Sur la route nat. n° 8 (de Toulon) — Ancien nom : *Centhis — Sanctus Tyrsus* (1057)—Eglise Saint-Loup (1791) — Minoteries, fab. de pâtes.

Saint-Marc — Commune, 159 hab., cant. Nord d'Aix (6 kil. 500 m.) — Altitude : 395 m. — Sur la route dép. n° 13, au pied du grand massif de Sainte-Victoire—Anciens noms : *Saint-Marc-des-Plaines — Saint-Marc-de-Jaumegarde* ou de *Jacques Garde* — Eglise Saint-Marc (1673) — Blé, légumes, amandes, huile d'olive — Visiter : Grottes où l'on a découvert des ossements de l'époque préhistorique.

Saint-Marcel — Village, 2,236 hab., com. et 6e cant. de Marseille (8 kil. 400 m.) — Altitude 60 m. — Sur la route nat. n° 8, le ch. de gr. com. n° 2, l'Huveaune, le Béal et le ch. de fer de Marseille à Toulon — Ancien nom : *Castellum Massiliense* (1ers siècles de l'ère chrétienne) — Eglise Saint-Marcel (1749) — Verrerie, minoteries, scieries. — Visiter : Ruines du *Castellum*, au sommet de la colline ; à mi-côte Chapelle Notre-Dame-de-Nazareth (du XIIe s.) restaurée en 1874.

Saint-Marcel — Station du ch. de fer de Marseille (8 kil. 500 m.)—Altitude : 52 m. 80 c.—Touche au village.

Saint-Marc-la-Morée — Hameau, com. de Meyreuil (4 kil.) — Près de la route nat. n° 7 — Débris considérables d'un aqueduc romain — Chapelle fort ancienne, au pied d'une roche percée d'excavations.

Saint-Martin — Hameau, com. des Baux, cant. de Saint-Remy.

Saint-Martin — Hameau, 57 hab., com. et cant. de Trets.

Saint-Martin-de-Castillon — Hameau, com. du Paradou (2 kil) cant. de Saint-Remy (12 kil. 500 m.) — Altitude : 46 m. — Ruines considérables d'un château-fort et d'une église sur la montagne de la Penne, dominant l'étang du Comte.

Saint-Martin-de-Crau — Village, 1,910 hab., com. et cant. Est d'Arles (16 kil. 400 m.)—Altitude : 18 m.—Au centre de terrains cultivés dans la Crau sur la route dép. n° 1, près du ch. d'int. com. n° 10 — Ancien nom : *Villa de Sancti Martini de Palude* (1292) — Ancienne église Saint-Martin (1637)—Belle église moderne du style roman (1869), renfermant des tableaux curieux — Foin, mûriers.

Saint-Martin-de-Crau — Station du ch. de fer de Marseille (69 kil. 600 m.) à Avignon (51 kil. 200 m.) — Altitude : 21 m. 95 m. — Distance du village : 1 kil. 900 m.

Saint-Mauront — Faubourg, 3,568 hab., com. et 4ᵉ cant. de Marseille — Sans solution de continuité avec la Belle-de-Mai — Eglise Saint-Mauront (1876).

Saint-Menet — Village, 405 hab., com. et 6ᵉ cant. de Marseille (10 kil. 500 mètres) — Agglomération principale sur le ch. de gr. com. n° 2 — Ancien nom : *Sanctus Menne* (1070) — Eglise Saint Benoît — Foin, fruits — Minoteries, usines et fab. diverses.

Saint-Menet — Station du ch. de fer de Marseille (11 kil.) à Toulon (56 kil.) — Altitude : 68 m. 60 c. — Distance de l'agglomération principale : 500 m. — Correspondance pour Camoins-les-Bains (3 kil. 600 m.)

Saint-Michel — Chapelle, com. et cant. d'Istres (4 kil.) — Altitude : 116 m.

Saint-Michel-d'Eau-Douce — Grotte, ancien

ermitage, commune et 5e cant. de Marseille (11 kil.
environ) — Dans le massif de Marseilleveire, au-
dessus de Calelongue — Altitude : 325 m. — Con-
version de la baume en ermitage, en 1395—Curieuse
à visiter.

Saint-Michel-de-Frigolet — Monastère de Religieux Prémontrés, com. et canton de Tarascon
(10 kil.) gare de Graveson (3 kil.)—Altitude : 150 m.
— Sur la limite de Graveson — Ancienne chapelle
reliée à l'église moderne qui est fort belle (1858),
—Monastère érigé en abbaye en 1869 — Etymologie
du mot Frigolet (d'après M.Gilles) : *Erguletum* (?)

Saint-Mitre — Commune, 940 hab., cant. d'Istres
(7 kil.) arrond. d'Aix (47 kil.) — Altitude : 80 m.—
Sur un plateau dominant les étangs de Berre, de
Poura, de Lavalduc, etc.—Ancien nom : *S. Mitrus*
(1266); Eglise Saint-Mitre (1550) — Remparts et
portes conservés en majeure partie (1407); Chapelle Saint-Michel près du village (altitude : 88 m.)
— Source abondante — Légumes, pommes de terre,
huile d'olive excellente — Huileries, moulins à
vent, salines, carrières de pierres — Visiter :
Saint Blaise et les ruines importantes de *Maritima
Avaticorum* — Voir : *Saint-Blaise.*

Saint-Mitre — Hameau, com. et cant. Sud d'Aix
(2 kil. 500 m.) — Sur la ligne du chem. de fer de
Pertuis.

Saint-Mitre — Hameau, com. et cant. d'Aubagne (2 kil.) — Sur la route nat. n° 8 — Ancien
prieuré de Saint-Victor : *eccl. s. Mitrii* (1014) —
Source ayant des vertus merveilleuses.

Saint-Mitre — Hameau, quartier de Saint-
Jérôme (1 kil. 400 m.) com. et 6e cant. de Marseille
(6 kil. 900 m.) — Chapelle très ancienne (1113)
défigurée (1855).

Saint-Naphre — Village, attenant à la Blangarde, 4ᵉ cant. de Marseille (2 kil. 500 m.)—Ancien nom : *Saint-Noffre* (1695) — Eglise Saint-Calixte (1863).

Saint-Paul-de-Mausole — Hameau , com. et cant. de Saint-Remy (1 kil. 500 m.) — A 200 m. du ch. de gr. com. nᵒ 9, sur les ruines de la ville romaine de *Freta* — Ancien nom : *S. Andreæ et S. Pauli Prioratus* (XIIIᵉ s.)—Antique prieuré, ensuite couvent — Asile départemental des Aliénés — Chapelle romane très remarquable; cloître du XIIᵉ s. — Carrières de pierres.

Saint-Paul-lès-Durance — Commune, 419 hab., cant. de Peyrolles (1 kil.) arrond. d'Aix (32 kil.) — Altitude : 254 m.—A 1 kil. du versant septentrional de la chaîne du Sambuc, à 3 kil. 400 m. du pont de Mirabeau — Sur la rive gauche de la Durance et le ruisseau dit Vallavès, formé par les sources de Lauron et de la Font Reinaude — Nom de l'ancien village dont il reste quelques ruines, à 1 kil. au pied de la première colline du Sambuc: *Sanctus Paulus Fogasserius*, appelé de nos jours *San Peyré* — Eglise SS. Pierre et Paul (XVᵉ s.) transformée en 1704, bâtie sur des grottes curieuses par leurs congélations et minées par les eaux de la Durance — Légumes secs, seigle—Visiter : Ancien château-fort de Cadarache et ruines d'un hospice attribué aux Templiers, sur les bords de la Durance.

Saint-Pierre — Village, 227 hab., com. et cant. d'Aubagne (6 kil.) — Altitude : 138 m. — Sur la route nation. nᵒ 96, au milieu de l'emplacement qu'occupait le *Pagus Lucretus* romain — Eglise Saint-Pierre-ès-Liens (1840) construite sur les ruines de l'église de *S. Petri ad Vincula* (1163).

Saint-Pierre — Hameau, com. d'Auriol (1 kil. 800 m.) cant. de Roquevaire (5 kil. 200 m.) — Sur l'Huveaune—Eglise antérieure au XIIᵉ s. — Foulon de draps, fab. de fil de coton, scierie mécanique.

Saint-Pierre — Village; 1,234 hab., com. et 5° cant. de Marseille (3 kil.) — Altitude : 37 m. — Sur le ch. de gr, com. n° 2 — Ancien nom : *Le Mortier* (1627) — Jolie église romane Saint-Pierre (1861) — Cimetières communaux (1854) — Asile départemental des Aliénés (1843).

Saint-Pierre — Village, 560 hab., com. et cant. de Martigues (4 kil. 600 m.) — Altitude : 69 m. — A 1 kil. au Sud du ch. d'intérêt commun n° 15, dans un bassin fertile — Restes de constructions romaines; Église Saint-Pierre (1822).

Saint-Pierre-de-Vence — Hameau, com. et cant. d'Eyguières (3 kil.) — Altitude : 162 m. — Sur le ch. d'int. com. n° 18 et l'emplacement d'une villa romaine — Visiter : au Sud de la colline de Coste-Fère, la Baume de Saint-Cerf.

Saint-Pierre-du-Canon — Com. d'Aurons (2 kil.) cant. de Salon (8 kil.) — Monastère occupé, depuis 1876, par les Bénédictins de Sainte-Marie-de-la-Pierre-qui-Vire — Ancienne maison de force pour les aliénés, tenue par les Observantins — Origine du nom : *S. Petrus de Canonicis* (des chanoines) — Jolie église du style ogival.

Saint-Pierre ou **Luynes** ou **Maulx** — Ruisseau — A sa source dans le territoire de Gardanne, passe à Gardanne, recueille plusieurs petits cours d'eau, notamment le Paillanet, passe au village de Luynes et se jette dans l'Arc, en aval des Milles, com. d'Aix.

Saint-Pons — Hameau, com. et cant. Sud d'Aix (10 kil.) — Près de l'Arc, à 3 kil. de Roquefavour — Moulin — Site frais et pittoresque.

Saint-Pons — Ancienne abbaye de Cisterciennes, fondée en 1205, abandonnée en 1407, com. de Gémenos (3 kil. 500 m.) cant. d'Aubagne (8 kil. 500 m.) — Sites magnifiques, eaux vives, ombrages, prairies (propriété privée) — Minoterie — Visiter : Chapelle de Saint-Martin (XIe ou XIIe s.).

Saint-Privat — Hameau, 18 hab., com. de Rousset (2 kil.) cant. de Trets (5 kil. 500 m.) — A 1 kil. de la route nat. n° 7.

Saint-Remy — Canton 6 com.; 21,022 hect.; 12,096 hab.; — Les Baux — Maillanne — Maussane — Mouriès — Le Paradou — Saint-Remy.

Saint-Remy — Commune, 5,999 hab., ch.-l. de cant. de l'arrond. d'Arles (31 kil.) — Tribunal de Tarascon (16 kil.) — Altitude : 60 m. — Sur le Réal et la route nat. n° 99, au pied des Alpines — Anciens noms : *Glanision* (marché massaliète); *Glanum* (ville romaine); *S. Remigii Fanum* (982); *S. Remigii villa* (965) — Eglise paroissiale Saint-Martin (1825) avec un beau clocher à flèche élancée (1330) — Hôtel-de-Ville (1825); Hospice (1873); Maison de Michel Nostradamus; Promenades et boulevards agréables — Céréales, huile d'olives, garance, chardons, fruits, légumes — Huileries, savonneries, filatures de cocons et de soie, minoteries, tanneries, triage de chardons — *Biogr.* Michel Nostradamus (1566); Expilly (1793); Roger de Meyran de Lagoy (1860) — *Foires* : 25 janvier, 25 avril, 25 août, 28 octobre — Visiter à 2 kil. au Sud : Ruines de Glanum et deux magnifiques monuments romains : 1° Arc de triomphe formé d'une arcade de 7 m. 30 c., sous voûte, avec une archivolte gracieuse, des colonnes cannelées et des bas-reliefs d'un beau dessin : 2° Le Mausolée (1) en forme de pyramide, sur un socle carré de 6 m. 50 c., portant sur chaque face des bas-reliefs frustes, mais très élégants et surmonté d'une coupole sur colonnes renfermant deux statues et ayant sur l'architrave une inscription qui a été très commentée.

Saint-Remy — Station terminus du ch. de fer

(d'intérêt local), de Tarascon (14 kil. 663 m.) à Saint-Remy — Altitude : 41 m. 80 c.

Saint-Roch — Hameau, com. et cant. de Peyrolles.

Saint-Roch — Hameau, com. et cant. de Saint-Remy (4 kil.) — A 500 m. de la route n° 99, sur le ch. d'intérêt com. n° 19.

Saint-Savournin — Commune, 1,563 hab., cant. de Roquevaire (12 kil. 400 m.) arrond. de Marseille (25 kil. 500 m.) — Altitude : 438 m. — Sur le versant septentrional de l'Etoile et le chem. d'int. com. n° 1. — Ancien nom : *Sanctus Saturninus* (1010) — Eglise Saint-Saturnin (1851) ; Hôtel de Ville (1870) ; Autel votif romain bien conservé — Au-dessus du village : Ruines du Castelas — Blé, huile, légumes secs, bois — Mines de lignite, fabr. de ciment importantes.

Saint-Savournin — Hameau, com. de Lançon (4 kil.) cant. de Salon (10 kil.) — Altitude : 91 m. — A 1 kil. de la limite de Pélissanne.

Saint-Ser — Ruisseau, se forme dans les montagnes de Puyloubier et se jette dans l'Arc, com. de Trets.

Saint-Ser — Chapelle très ancienne et curieuse, établie dans une grotte, au pied de Sainte-Victoire, com. de Puyloubier — Site sauvage.

Saint-Sixte — Hameau, 125 hab., com. d'Eygalières (2 kil. 500 m.) cant. d'Orgon (6 kil.) — Chapelle, lieu de pèlerinage ; Débris romains aux alentours.

Saint-Suffren — Hameau, com. et cant. de Lambesc (7 kil.) — Sur la Concernade et le canal du Verdon.

Saint-Symphorien — Hameau, com. de Lançon

(3 kil.) cant. de Salon (9 kil.) — Près du Grand-Pommier, à 1 kil. de Sibourg — Eglise Saint-Symphorien (1743).

Saint-Symphorien — Hameau, com. du Vernègues (3 kil.) cant. d'Eyguières (14 kil.) — Chapelle célèbre dans la contrée comme but de pèlerinage.

Saint-Tronc — Hameau, quartier de Saint-Loup (1 kil. 600 m.) com. et 5e cant. de Marseille (6 kil.) — Au pied de la colline Sainte-Croix (310 m.) — Anciens noms : *Centro et Centrones* (1040) — Ancienne chapelle (1645) dénaturée — Belles maisons de campagne.

Saint-Trophime — Faubourg de Marseille. — Voir : *La Cabucelle.*

Saint-Trophime ou **Barcarin** ou **Faraman** — Village, 800 hab. diss., com. et cant. Ouest d'Arles (30 kil.) — Dans le Plan-du-Bourg, sur la rive gauche du Rhône. — Ruines d'une chapelle fort ancienne — Eglise Saint-Trophime (1650) — Aux environs : Nombreuses ruines antiques.

Saint-Véran — Hameau, com. et cant. d'Orgon (900 m.) — Altitude : 182 m. — A 1 kil. de la Durance.

Saint-Vérédème — Hameau, com. et cant. d'Eyguières (1 kil.) — Sur le chem. de gr. communication n° 5 — Ancien nom : *S. Veredemi Capella* (XIe s.) — Ancienne chapelle de Saint-Ruff ; Traces de voies romaines.

Saint-Victoret — Commune, 475 hab., cant. de Martigues (17 kil.) arrond. d'Aix (26 kil.) — Altitude : 30 m. — Sur la route du Pas-des-Lanciers à Martigues — Origine du nom : Eglise bâtie par l'abbaye de *Saint-Victor* (966) — Eglise Saint-Pierre-ès-liens (1780) modifiée et complétée (1855).

Saint-Vincent — Chapelle très-ancienne en partie ruinée, sur l'Huveaune et la route nat. n° 96, com. et cant. de Roquevaire (600 m.) — Ancien nom : *Ecclesia S. Vincentii* (1247) — Visiter : Vallon étroit qui porte ce nom.

Salans (Les) — Etang, dans la Camarguette, com. et cant. des Saintes-Maries (13 kil.).

Saliers — Hameau, com. et cant. Ouest d'Arles (14 kil.) — Au Nord d'un vaste marais, dans la Camargue — Ancien nom : *Salegium* (1192) — Chapelle ayant appartenu aux Templiers qui y avaient une commanderie.

Saliers — Marais (voir ci-dessus); longueur du Nord au Sud : 6 kil.; largeur moyenne : 2 kil. 500 m.

Saliers — Roubine, com. d'Arles (voir ci-dessus) — A sa prise au Petit-Rhône et finit dans l'étang de Saliers. — Cours : 2,934 mètres.

Salle (La) — Château relevé sur les ruines de l'ancien, quartier des Caillols (1 kil.) com. et 6° cant. de Marseille (7 kil. 700 m.) — Ancien nom : *Domus de Sala S. Victoris* (1119) — Propriété des de Village et des Coriolis.

Salomé — Hameau, com. de Mouriès, cant. de Saint-Remy.

Salon — Canton; 8 com.; 26,108 hect.; 14,403 hab. — Aurons — Labarben — Cornillon — Grans — Lançon — Miramas — Pélissanne — Salon.

Salon — Commune, 7,021 hab., ch.-l. de cant., arr. d'Aix (34 kil.) — Altitude : 80 m. — Sur un coteau, au pied du massif de Vernègues, sur la lisière de la Crau, la route dép. n° 1 et les ch. d'int. com. n° 3 et 4 — Ancien nom : *Villa Salone* (1144) — Eglise paroissiale Saint-Michel, construite par les Templiers (XIII° s.) — Eglise Saint-Laurent où se trouve le tombeau de Nostradamus, un bénitier, une Vierge et un groupe curieux (1344); Hôtel-de-Ville, renfermant une pierre miliaire romaine (XVIe s.); Fontaine élevée à la mémoire de Crapponne; Château du XIVe s., converti en caserne; Porte de ville (XVe s.) — Beaux boulevards, eaux abondantes — Fabr. de chandelles, de chapeaux, de cire, de laine, de soie; huileries, savonneries, tanneries, teintureries, minoteries — *Biogr.* : E. d'Hozier (1611); C. Nostradamus (1629); J.-B. Ch. Fusée Aublet (1778); P. de Lamanon (1787) — *Foires* : Mardi-gras, lundi de Pâques, 6 mai, 10 août, 29 septembre, 11 novembre.

Salon — Station du ch. de fer de Miramas (13 kil.) à Cavaillon (23 kil.) — Altitude : 77 m. 80 c. — Distance de la ville : 300 m.

Sambuc (Le) — Chainon important de montagnes, ramification de la chaîne de Sainte-Victoire, divisé en Grand et en Petit-Sambuc, occupant la partie Nord-Est de l'arrond. d'Aix.

Sambuc (Le) — Hameau, com. de Vauvenargues (6 kil.) cant. Nord d'Aix (13 kil.) — Altitude : 615 m. — Château ruiné, dans une gorge étroite, au pied de la montagne de Sainte-Confosse (780 m.).

Sambuc (Le) — Village, 340 hab., com. et cant. Ouest d'Arles (23 kil.) dans la Camargue, rive droite du Grand-Rhône — Ancienne commanderie des Chevaliers de Saint-Jean-de-Jérusalem — Église la Nativité (1836) — Fruits, légumes secs.

Saougeonnes (Les) — Hameau, 15 hab., com. de Mimet, cant. de Gardanne.

Sarres Sannes (Les) — Hameau, 159 hab., com. d'Eyragues, cant. de Châteaurenard.

Saules (Les) — Roubine, com. de Saint-Remy — Cours : 810 m.

Saurin — Hameau, 25 hab,, com. de la Destrousse, cant. de Roquevaire.

Sausset — Village, 311 hab., com. de Carri-le-Rouet (4 kil.) cant. de Martigues (12 kil.) — Petit port de mer, au pied de la chaîne de l'Estaque — Eglise Saint-Pierre-ès-Liens (1872) — Pêche — Madrague.

Sauzet — Chaînon de montagnes, branche de la grande chaîne de la Trévaresse, com. de Rognes et de Lambesc.

Savonnière (La) — Hameau, 42 hab., com. de Labarben (3 kil.) cant. de Salon (10 kil.) — Sur la route dép. n° 14.

Ségonneaux (Les) — Station du ch. de fer de Marseille (94 kil.) à Avignon (7 kil.) com. d'Arles (8 kil.) — Altitude : 11 m. 10 c. — Dans une plaine formée par les alluvions du Rhône — Terme local : *Secundal* (1040).

Sénas — Commune, 1,914 hab., cant. d'Orgon (6 kil.) arrond. d'Arles (43 kil.) — Altitude : 56 m. — Dans une plaine, près de la route nat. n° 7 et du canal des Alpines — Ancien nom : *Sinaca villa* (814) — Eglise Saint-Amand (XVIIe s.) — Oliviers, mûriers, amandes, chardons, garance — Fours à chaux, minoteries, trituration de tourteaux, moulinage de soie, instruments aratoires — *Foire* : 14 juin — Visiter : Ruines du château ou de la Péagère du Rocher (XIIe s.); Chapelle de Notre-Dame-des-Sept-Douleurs, sur la colline de Cabre.

Sénas — Station du ch. de fer de Miramas (25 kil.) à Cavaillon (11 kil.) — Altitude : 95 m. — Distance du village : 500 m.

Sénequier — Hameau, com. de Lançon (6 kil.) cant. de Salon (12 kil.) — Altitude : 131 m. — A 1 kil. de Sibourg.

Séon-Saint-André — Village, 1,823 hab., com. et 4ᵉ cant. de Marseille (7 kil. 700 m.) — Au pied de la montagne de la Viste, sur le ch. d'int. com. nᵒ 15 — Origine du nom : *Scon*, propriétaire (?) 1190 — Chapelle et agglomération anciennes (1153) — Eglise Saint-André (1862)—Fabr. de tuiles, etc.; fabr. de réglisse.

Séon-Saint-André ou **Saint-André** — Station du ch. de fer de Marseille (8 kil. 300 m.) à Avignon (112 kil. 500 m.)—Altitude : 51 m. 50 c.—Distance du village : 800 m.

Séon-Saint-Henri — Village, 2,729 hab., com. et 4ᵉ cant. de Marseille (8 kil. 700 m.)—Au pied du chaînon de la Viste, sur le chem. d'int. com. nᵒ 15. — Eglise (1745) modifiée (1859) — Nombreuses et importantes fabriques de tuiles, briques et objets de céramique.

Séon-Saint-Henri ou **Saint-Henri** — Station du chemin de fer de Marseille (9 kil. 400 m.) à Avignon (111 kil. 400 m.) — Altitude : 52 m. 90 c. — Distance du village : 600 m.

Septèmes — Commune, 2,024 hab., cant. de Gardanne (16 kil.) arrond. d'Aix (18 kil.) — Altitude : 212 m. — Sur la route nat. nᵒ 8 (d'Aix), dans un vallon étroit — Eglise romane Sainte-Anne (1865-1875) — Hôtel-de-Ville (1865) — Sur quelques sommets, vieilles Redoutes construites sous le comte de Grignan, vers 1684 — Blé, huile, amandes. — Fabr. de produits chimiques, affinage de plomb, fonderie de cuivre, carrières de pierres.

Septèmes — Station du chemin de fer de Marseille (15 kil. 200 m.) à Pertuis (46 kil.) — Altitude : 209 kil. 30 m. — Touche au village.

Serens (Les) — Hameau, quartier de Saint-Jérôme (1 kil. 400 m.) com. et 6ᵉ cant. de Marseille

(6 kil. 400 m.) — Près de Saint-Mitre, dans un vallon.

Servane (La) — Hameau, com. de Mouriès (3 kil.) cant. de Saint-Remy (18 kil.) — Altitude : 117 m. — A 1 kil. du chem. d'int. com. n° 20. — Ruines romaines de *Terricia* (?)

Serviane (La) — Ancienne maison d'habitation fortifiée, quartier de la Valentine (1 kil. 600 m.) com. et 6ᵉ cant. de Marseille (8 kil.) — Origine du nom : *Puteus Serviani marinarii* (1506) — Monastère de religieuses (en construction).

Sibourg — Village, 400 hab., com. de Lançon (7 kil. 500 m.) cant. de Salon (13 kil. 500 m.) — Altitude : 149 m. — Centre rural, comprenant plusieurs hameaux. — Eglise Saint-Symphorien (1843) — Visiter : Retranchement celtique de l'Escalède.

Siége — Hameau, 18 hab., com. de Simiane (1 kil. 200 m.) cant. de Gardanne (5 kil.) — Sur la limite de Bouc.

Sigauds (Les) — Hameau, com. de Sénas, cant. d'Orgon.

Sigauds (Les) — Canaux d'arrosage, com. de Sénas, arrosant 149 hectares — Cours : 10,482 m.

Silvecane, Sylvecane ou Silvacane — Abbaye de Cisterciens, fondée vers l'année 1146, reconstruite par fractions aux XIIIᵉ et XIVᵉ s. et abandonnée par les moines au profit du Chapitre de la cathédrale d'Aix, en 1443 — com. de la Roque d'Anthéron (1 kil. 500 m.) cant. de Lambesc (14 kil. 500 m.) — A 200 m. de la Durance, à 100 m. au-dessous du chem. de gr. com. n° 4 et à 1 kil. 500 m. de la route dép. n° 11 — Cette abbaye renferme plusieurs parties remarquables : l'Eglise fondée par Bertrand de Baux en 1250, se compose de trois nefs et d'un transept ; elle est classée parmi les monuments historiques et a été réparée vers 1870 — La salle capitulaire, le réfectoire, le dortoir sont fort beaux et en assez bon état, quoique convertis en ferme, mais le cloître est à demi-ruiné.

Silvéréal — Poste de Douanes fortifié, com. et cant. des Saintes-Maries (14 kil.) — Ecluse sur le Rhône-Mort. — Origine du nom : *Sylva Regalis* (forêt royale) — Ruines d'une abbaye : *Silva Régalis Abbatia* (1240 à 1313).

Simiane — Commune, 1071 hab., cant. de Gardanne (4 kil. 500 m.) arrond. d'Aix (14 kil. 500 m.) —Altitude : 238 m.—A l'entrée d'un vallon étroit et prolongé, sur le ruisseau d'Ancouvin qui rejoint le ruisseau de Luynes — Anciens noms : *Collum Longum* et *Colongne* (1684) — Eglise vaste (1790) achevée en 1879 — Sur un Rocher dominant le village, Chapelle romane ancienne, restes de remparts et Tour du XIII⁰ s. carrée à l'intérieur et pentagonale à l'extérieur — Blé, tabac, garance, fruits légumes.

Simiane — Station du chemin de fer de Marseille (22 kil.) à Pertuis (39 kil.) — Altitude : 207 m. 40 c. — Distance du village : 1 kil. 500 m.

Sire Marin — Hameau, 33 hab., com. de Mimet, cant. de Gardanne — Sur le chemin de Mimet à Simiane.

Solobre (Le) — Chaînon de collines, ramification de la chaîne de Roquefort, com. de Roquevaire.

Sonnaillet (Le Grand et le Petit) — Hameaux, 38 hab., com. d'Aurons (3 kil.) cant. de Salon (9 kil.) — Sur le versant méridional du massif du Vernègues.

Sormiou — Petit hameau, quartier de Mazargues, com. et 5ᵉ cant. de Marseille (11 kil.) — Au pied de Marseilleveire, sur la Grande-Côte, au fond d'une anse ou calanque spacieuse. — Ancien nom : *Sormils* (1348).

Souque Nègre. — Hameau, 103 hab., com. de la Destrousse, cant. de Roquevaire. (En provençal *Souco Nègro* veut dire Souche Noire).

Souriet — Hameau, 33 hab., com. de la Destrousse, cant. de Roquevaire.

Suchier — Hameau, 19 hab., com. de Lafare (500 m.) cant. de Berre (9 kil.) — A 500 m. de la route dép. n° 7.

Suès — Hameau, com. et cant. de Lambesc (5 kil.) — A 1 kil. de la limite du Vernègues, au pied de la montagne.

Sulause — Hameau, com. et cant. d'Istres (6 kil.) — Dans un vallon, à 1 kil. du chem. d'int. com. n° 3, près de la limite de Saint-Chamas.

Susville — Hameau, 174 hab., faubourg de Rognes, cant. de Lambesc (7 kil.)

T

Taillades (Les)—Château moderne, com. et cant. de Lambesc (6 kil.) — Altitude : 260 m. — A 1 kil. 500 m. de la route nat. n° 7 et du canal de Marseille. — Rochers taillés de main d'homme, vastes et anciennes carrières — Souterrain du Canal, d'une longueur de 3,675 m.

Tamagnon — Hameau, com. de Mezoargues (1 kil.) cant. de Tarascon (7 kil. 500 m.) — Sur le Grand-Rhône, en face de l'île du même nom — Terrain d'alluvion très-riche.

Tampan — Étang, com. des Saintes-Maries — Entre les étangs de Batayole et de Galabert.

Tapi (La) — Hameau, 37 hab., com. de Marignane, cant. de Martigues.

Tarascon — Canton : 4 com. 12,703 hect.; 11,874 hab. — Boulbon — Mas-Blanc — Mezoargues — Tarascon.

Tarascon — Commune, 10,409 hab.; chef-lieu de cant. de l'arrond. d'Arles (17 k.) — Siége du tribunal civil du 3me arrond. des Bouches-du-Rhône —Sur la rive gauche du Rhône, vis-à-vis Beaucaire — Ville très-ancienne bâtie sur une île reliée au continent — Anciens noms : TARASCON (grec) (colonie massaliète); *Tarascho* (1095) — Église paroissiale Sainte-Marthe, élevée sur les ruines d'un temple antique (1187-1216-1470) bel édifice à visiter en détail ; Église Saint-Jacques (1740); Château du roi René, beau monument construit sur les ruines d'un château de 1291, vers l'année 1445 ; Hôtel-de-Ville (1648) — Hopital de la charité ; Caserne de cavalerie ; Couvent de la Visitation ; Porte ancienne de Jarnègues ; Rue des Arcades ; Promenades du Cours et de la Chaussée ; Pont suspendu (1857) ; Viaduc du chemin de fer. — Graines et céréales, mûriers, chardons, bois, laines. — Fabr. de briques, chaux, chandelles, chapeaux; filatures de cocons, corderies, fabr. de saucissons, tanneries, minoteries — *Foires* : 20 Mai, Ascension, 26 juillet, 8 septembre.

Tarascon — Station du chemin de fer de Marseille (100 kil.) à Avignon (21 kil.) Arles (17 kil.) Paris (744)—Point important du réseau P.-L.-M.— Altitude : 17 m. 90 c. — Bifurcation sur Cette (105 kil.) — Sur Saint-Remy (14,663 m.)

Tarasconnet — Hameau, com. de Noves, cant. de Châteaurenard — Ancien nom : *Tarasconetum* (1337).

Taulet (Le) — Hameau, 21 hab., com. de Marignane, cant. de Martigues.

Terrefort — Hameau, com. de Barbentane, cant. de Châteaurenard.

Tasse (La) — Etang, com. des Saintes-Maries (14 kil.)

Terrenque (La) — Roubine, com. de Mollègès. — Affluent du Réal — Cours : 3,906 mètres.

Terrenque (La) — Roubine, com. de Tarascon. — Cours : 4,990 mètres.

Tête-de-Puget (La) — Montagne, chaîne de la Gardiole, com. de Marseille. — Altitude : 633 m.

Tête-de-Roussargues (La) — Pic, chaîne de Roussargues, ramification de la Sainte-Baume, com. de Gémenos — Altitude ; 860 m.

Tête-Noire (La) — Hameau, 274 hab., partie inférieure du village de Rognac, cant. de Berre (6 kil.) — Sur la route dép. n° 1 — Petit port sur l'étang de Vaine.

Terme (Le) — Hameau, 27 hab., com. de Peypin (1 kil. 500 m.) cant. de Roquevaire (8 kil. 400 m.) — Sur la route nat. n° 8 bis, à l'embranchement du chem. d'int. com. n° 1.

Termes (Les) — Hameau, 19 hab., com. de Charleval, cant. de Lambesc.

Tholonet (Le) — Commune, 500 hab., cant. Nord et arrond. d'Aix (7 kil.) — Altitude : 180 m. — Sur un des premiers contreforts de Sainte-Victoire et le ruisseau d'Infernet — Ancien nom et origine *Telonicum*, péage — Restes considérables d'un aqueduc romain, pris à tort jusqu'à ce jour, pour un barrage, sur l'Infernet — Église la Transfiguration (1779) — Château moderne ; Ombrages — Blé, huile d'olive — Carrière et Scierie de marbre dit Brèche d'Alep — Blanchisseries — Visiter : Aqueduc romain franchissant le ruisseau l'Infernet — Sites frais, agréables et pittoresques.

Thomassin — Hameau, com. de Malemort, cant. d'Eyguières.

Thorades (Les) — Hameau, 72 hab., com. de Graveson (4 kil.) cant. de Chateaurenard (11 kil.) — Dans la plaine, à 500 m. de la limite de Maillane.

Tiboulen — Ilot, à l'extrémité septentrionale du groupe des îles de Marseille — Distance de Ratonneau : 400 m.

Tiran (Le) — Canal, com. de Mollégès et de Saint-Remy — Cours : 4,975 mètres.

Tortue (La) — Etang, près des marais de Sigoulette, com. des Saintes-Maries (9 kil.)

Tisserand — Hameau, 11 hab., com. de la Destrousse, cant. de Roquevaire.

Toès (Les) — Hameau, 23 hab., com. de Gignac (1 kil.) com. de Martigues (14 kil. 500 m.) — Altitude : 53 m. — Près de la route dép. n° 12.

Tortue (La) — Etang, près des marais de Sigoulette, com. des Saintes-Maries (9 kil.).

Touloubre (La) — Rivière — A ses origines près de Venelles, dans la Trévaresse, passe près d'Eguilles, de Saint-Cannat et de Lambesc, traverse Labarben et Pélissanne, coule près de Grans et de Cornillon et après avoir passé sous le viaduc du chemin de fer de Marseille à Avignon et le pont romain de Flavien, près de Saint-Chamas, se jette dans l'étang de Berre, à 3 kil. de cette ville. — Cours : 70 kil.

Tour (La) — Hameau, 143 hab., com. de Malemort (3 kil. 500 m.) cant. d'Eyguières (17 kil.) — Dans une plaine entre la Durance et le canal de Crapponne, à 300 m. du chem. de gr. com. n° 4.

Tour (La) — Hameau , com. de Fontvieille (800 m.) cant. Est d'Arles (8 kil.) — Altitude : 27 m. — Sur le chem. de gr. com. n° 5 — Château du XV° s. converti en ferme.

Tour (La) — Hameau, 22 hab., com. de Mimet (100 m.) cant. de Gardanne (5 kil.) — Au nord du village.

Tour-de-Janet ou **Janet** — Hameau, com. et cant. de Lambesc (4 kil.) — Au pied du versant méridional du groupe des Côtes.

Tour du Cardinal (La) — Ferme, com. et cant. de Saint-Remy (3 kil.) — Près du Canal des Alpines et le le ch. vicinal n° 2 — Ancienne villa du pape Clément VI (1343-1352) — Tour carrée (1458) avec des ornements sculptés remarquables et cette devise : *Rure tibi vivas aliis dum vixeris urbe.* — Puits de la même époque.

Touret (Le) — Hameau, com. de Maussane, cant. de Saint-Remy.

Tourette (La) — Hameau, com. de **Mas-Blanc**, cant. de Tarascon.

Tournefort — Hameau, com. de **Rognes** (4 kil.) cant. de Lambesc (10 kil.) — Au pied du versant septentrional de la grande chaîne de la Trévaresse. — Bâti sur les ruines d'une villa ou peut-être d'une bourgade romaine — Restes d'une tour du VIII⁰ s. — *Biogr.* Pitton de Tournefort (1708).

Toursainte — Monastère de Lazaristes, quartier de Sainte-Marthe (1 kil.) com. et 4⁰ cant. de Marseille (7 kil. 100 m.) — Altitude : 120 m. — Chapelle de N.-D. de l'Espérance (1858) ; Tour octogonale de 30 m. d'élévation (1856).

Tracette de Chalavert (La) — Roubine de dessèchement des marais des Chanoines dans la Crau, com. d'Arles — Cours : 3,200 mètres.

Traconade (La) — Hameau, com. de Jouques (2 kil.) cant. de Peyrolles (6 kil.) — Source considérable qui se perd dans le Vallat, ruisseau affluent de la Durance, com. de Peyrolles — Cette source était conduite, sous les Romains, jusqu'à Aix, par un aqueduc voûté dont il subsiste des restes considérables près de Jouques, au Nord de Meyrargues et dans la commune de Venelles.

Trébillanc (La) — Ferme-hameau, paroisse de Callas (300 m.) com. de Cabriès (4 kil.) cant. de Gardanne (11 kil.) — Ancien château, au fond d'une sorte de vallée arrosée par une source abondante. — Sur la colline qui sépare la Trébillane de Callas, église du V⁰ s. jadis Temple romain (?) maladroitement transformée (1872) — Légumes verts, betteraves, melons.

Trébon (Le) — Terre d'alluvion formée par le Rhône, qui borde le fleuve et enveloppe la ville d'Arles sur une longeur de 10 kil. et une largeur de 2 à 4 kil.—Ancien nom: *Ager Thiphontius* (1008).

Treille (La) — Hameau, quartier de Saint-Julien (1 kil.) com. et 6ᵉ cant. de Marseille (5 kil. 900 m.) — Au-dessus du chemin vicinal nᵒ 6 des Caillols. — Site agreste.

Treille (La) — Village, 185 hab., com. et 6ᵉ cant. de Marseille (13 kil.) — Sur le versant méridional des montagnes d'Allauch, au-dessus du ruisseau de Carpourière — Origine du nom : Guilhem Paul dit *la Treille* (1486) — Eglise Saint-Dominique (1840) — Dans le vallon : Fontaine du Pérou : *Font de Parragrolis* (1392) — Joli site.

Treille (La) — Hameau, 21 hab., com. de Peynier (2 kil. 500 m.) cant. de Trets (6 kil. 500 m.) — A 300 m. de la route dép. nᵒ 20.

Treize Laurons (Les) — Roubine, com. de Saint-Remy — Cours : 930 mètres.

Trencades (Les) — Hameau, com. de Maussane (4 kil.) cant. de Saint-Remy (12 kil.) — Entre le Calan et le Mas de Fléchon.

Trets — Canton : 8 com.; 22,615 hect.; 9,783 hect. — Beaurecueil — Châteauneuf-le-Rouge — Fuveau — Peynier — Puyloubier — Rousset — Saint-Antonin — Trets.

Trets — Commune, 3,285 hab., chef-lieu de cant. de l'arrond. d'Aix (23 kil.) — Altitude : 249 m. — Dans une large vallée, entre les chaînes de Régagnas au Sud et de Sainte-Victoire au Nord, au pied du mont Olympe et à 2,500 m. de l'Arc — Anciens noms : *Trittia* (inscription romaine); *Trezia* (951) — Remparts du XVIᵉ s. conservés en partie; Porte principale dite d'Italie, plus ancienne et en meilleur état; Eglise paroissiale la Purification (du XIᵉ s.) avec tour carrée qui n'a jamais été achevée; à l'intérieur : Maître-Autel fort riche, colonnes en marbre; Ancien château

(XVII⁰ s.) renfermant de belles salles et un grand escalier; Maisons anciennes ; Rues couvertes — Blé, légumes, foin ; chevaux et mulets. — Corderies, distilleries d'eau-de-vie, fabr. de toiles. chaux et ciment — Exploitation de lignites — *Foires* : 15 mars, 24 Août, 10 octobre — Aux environs : Ermitage de Saint-Jean-Baptiste, dont l'origine remonte à saint Cassien; (vue admirable) — Camps retranchés liguriens ou celtiques de l'Olympe (Ouripo) sommet du Régagnas et du *Pain de Munition*, chaîne de Sainte-Victoire (dans le Var).

Trets — Station du chemin de fer de Gardanne (19 kil.) à Trets et Brignoles. — Altitude : 242 m. 50 c. — Distance de la ville : 200 m.

Trévaresse (La) — Chaîne importante de montagnes, comprise entre la Durance, la vallée de la Touloubre et la Trouée de Lamanon. Sa longueur générale, du Nord-Est au Sud-Ouest, est de 35 kil. On la divise en trois groupes et deux chaînons principaux : 1⁰ la Trévaresse proprement dite, entre le Var et la vallée de Rognes; 2⁰ le chaînon de la Durance formant les deux groupes ou massifs des Côtes et du Vernègues — Les points élevés sont, dans le groupe ou chaînon de la Trévaresse : la Fin de la Trévaresse (520 m.), Saint-Jean de la Trévaresse (482 m.), la Butte du Signal, près de Beaulieu, dans les terrains où des scories font croire à l'existence d'un ancien volcan — dans le chaînon des Côtes (compris entre le vallon de Saint-Christophe, la Durance, le ruisseau de la Maison-Basse et la plaine de Lambesc : la Crête (487 m.), le Castelas (456 m.); Sainte-Anne-de-Goiron (405 m.) Mont-Trezor (328 m.); les Taillades (260 m.) — enfin dans le groupe du Vernègues (compris entre la vallée des Taillades, la Durance, la Trouée de Lamanon et la plaine de Salon) : Vacaresso (389 m.) ; Le Vernègues (352 m.)

Trinquetaille — Faubourg, com. et cant. Ouest d'Arles — Altitude : 1 m. 39 c. — Sur la rive droite du Rhône, en Camargue — Ville sous les Romains, place importante durant le moyen-âge — Ancien nom : *Trincatalla* (1153) — Batellerie.

Triquette (La) — Roubine d'arrosage et de dessèchement, en Camargue, com. d'Arles — A sa prise au Rhône, vis-à-vis l'île de la Cape et aboutit aux marais du Pont-de-Rousty — Cours : 13 kil. 215 m.

Trisonnes (Les) — Hameau, 24 hab., com. de la Roque d'Anthéron (1 kil. 500 m.) cant. de Lambesc (18 kil.) — Altitude : 258 m. — A 1 kil. du canal de Marseille.

Trois-Lucs (Les) — Ferme et ancienne fabrique, com. et 6e cant. de Marseille (12 kil. 700 m.) — Ancienne vigie marseillaise : *Lostraslucs* (1299) — A peu de distance du bois de la Veille ou Veilhe (*Vigilia*)

Tubriés ou **Thubiers** — Hameau, 82 hab., com. de Septèmes (1 kil.) cant. de Gardanne (17 kil.) — Sur l'ancienne route d'Eguilles.

Tuilière (La) — Hameau, 121 hab., com. de Vitrolles (4 kil. 500 m.) cant. de Berre (14 kil.) — A 500 m. au Sud des routes dép. nº 1 et nº 6.

Tuilière (La) — Hameau, com. et cant. d'Aubagne (3 kil. 400 m.) — Paroisse d'Éoures (1 kil.) — Tuileries anciennes.

V

Vaine — Etang, partie de l'Etang de Berre déterminée par une ligne fictive partant de la Pointe de Berre et aboutissant à la Chaussée de Marius ou cordon littoral dit le Jay, devant l'Etang de Bolmon.

Vaisseau (Le) — Petit hameau, com. de Gémenos (3 kil. 500 m.) cant. d'Aubagne (6 kil. 500 m.) — Sur la route nat. n° 8, au pied de la chaîne de Roquefort.

Vaisseau (Le) — Etang, en Camargue, com. d'Arles (38 kil.) — Entre les étangs de Beauduc, Rascaillan et Sainte-Anne — Superficie : 600 hect.

Valabre — Hameau, 35 hab., com. et cant. de Gardanne.

Valat (Le) — Hameau, com. de Mouriès (1 kil. 500 m.) cant. de Saint-Remy (11 kil.) — Sur le chem. de gr. com. n° 9.

Valbonnette — Village en ruine, com. de Charleval (2 kil.) cant. de Lambesc (14 kil.) — Sur une colline, au Nord du massif des Côtes ou Malivert — Jadis possession importante de l'évêque de Marseille — Ancien nom : *Vallis Boneta* (XIII° s.)—Château du XVII° s. très vaste et entouré de bois — Aqueduc du canal de Marseille, composé de 11 arches de 6 m. d'ouverture — Dans un vallon voisin : Pont-aqueduc de Joucarelle, composé de 9 arches de 6 m. d'ouverture.

Valcarès — Etang très considérable, en Basse-Camargue, com. des Saintes-Maries (12 kil.) — Long. 14 kil.; larg. : 7 kil.; superficie : 6,000 hectares; profondeur moyenne : 50 cent.; salé et inférieur, durant l'été, au niveau de la mer — Ancien nom : *Vaccarisio stagnum* (1295).

Valdition — Mas, com. et cant. d'Orgon (3 kil. 600 m.)—Pans de murs et souterrains attribués aux Templiers.

Valdonne — Hameau, 89 hab., com. de Peypin (1 kil. 500 m.) cant. de Roquevaire (8 kil. 400 m.) — Altitude : 275 m. — Datant en grande partie de la création du chemin de fer —Construction appelée Château, avec une petite chapelle—Aux environs : Mines de lignite dites de Gréasque et de la Valentine.

Valdonne — Station terminus du chemin de fer d'Aubagne (17 kil.) — Altitude : 277 m. 40 c.

Valentine (La) — Village, 721 hab., com. et 6ᵉ cant. de Marseille (9 kil. 800 m.)—Sur le chem. de gr. com. n° 11 — Origine du nom : Laurent et Urbain *Valentin*, tenanciers (1479) — Église Saint-Valentin (1741) — Minoteries importantes, scierie de marbre, fabriques de carton et de ciment.

Valentine (La) — Hameau, 118 hab., com. de Saint-Savournin (1 kil. 800 m.) cant. de Roquevaire (11 kil.) — Sur un coteau, dans un site agreste — Extraction de lignites, fabrique importante de ciment.

Valfère — Montagne appartenant à la grande chaîne de la Trévaresse — Altitude : 434 mètres.

Valla (Le Grand) — Canal du bassin du Vigueirat, com. de Graveson — Cours : 4,600 m.

Vallat (Le) — Rivière appelée mal à propos *Riaou* — A ses origines dans le Sambuc, reçoit les eaux de Traconade, passe à Jouques où elle met en mouvement plusieurs fabriques et se jette dans la Durance, après avoir alimenté le Riaou ou Béal de Peyrolles.

Vallat de Saint-Paul (Le) — Petite rivière formée par les ruisseaux de Travaillet, Lauron,

Font-Reinaude, Ginasservis et Valavés — Se jette dans la Durance, à Saint-Paul-lès-Durance.

Vallat d'Oraison (Le) — Ruisseau; traverse les com. de Saint-Savouruin et de Gréasque et se jette dans le Grand-Vallat, à Fuveau.

Vallavés (Le) — Ruisseau — Affluent du Vallat de Saint-Paul-lès-Durance.

Vallon (Le) — Hameau, com. de Mouriès (5 kil.) cant. de Saint-Remy (14 kil,) — Dans un pli de terrain, entre le Destel et Malacersis.

Vallon de la Fontaine (Le) — Hameau, 84 hab., com. des Baux, cant. de Saint-Remy (10 kil. 800 m.) — Dans un vallon formé par le mamelon des Baux et les rochers dans lesquels se trouve la *Grotte des Fées*.

Vallon de l'Oriol (Le) — Village, com. et 5e cant. de Marseille (4 kil. 500 m.) — Composé d'un grand nombre d'habitations isolées, au-dessus du chemin de la Corniche — Ancien nom : *Vallon den Auruola* (1372) — Eglise Saint-Cassien (1853) — A l'entrée d'un vallon, à 100 m. de la mer.

Vallon de l'Un (Le) — Ancienne usine en ruine, quartier de Mazargues (1 kil. 600 m.) com. et 5e cant. de Marseille (7 kil. 900 m.) — Origine du nom : *Lumen*, lumière (d'une ancienne vigie établie sur la Gardiole).

Vallon des Auffes (Le) — Hameau, quartier d'Endoume, com. et 5e cant. de Marseille (2 kil. 500 m.) — Petit port de mer, sous le chemin de la Corniche — Joli pont.

Vallongue (La) — Roubine, com. de Saint-Remy — Cours : 662 mètres.

Valmousse — Château moderne, commune, et cant. de Lambesc (6 kil.) — Près de la limite de

Labarben et la route dép. n° 14 — Pont-aqueduc
du canal de Marseille, long de 200 m. et formé de
14 arches de 8 mètres d'ouverture — Site frais et
pittoresque.

Valtrède — Hameau, 91 hab., com. de Châteauneuf, cant. de Martigues.

Valvène — Hameau, 15 hab., com. et cant. de
Trets (9 kil.) — Sur le versant méridional du mont
Olympe.

Van-Ens — Canal de dessèchement, com. de
Mouriès (1 kil.) — Nom donné en souvenir de
l'ingénieur hollandais Van Ens, créateur de grands
travaux hydrauliques.

Vauclaire — Hameau, com. de Meyrargues
(4 kil.) cant. de Peyrolles (9 kil.) — Altitude :
208 m.—A 500 m. du chem. de gr. com. n° 4, sur le
ruisseau de ce nom.

Vauclaire — Ruisseau, com. de Meyrargues —
Coule parallèlement à la route dép. n° 2 et se jette
dans la Durance.

Vaucluse — Source considérable, com. d'Eygalière, cant. d'Orgon — Ancien nom : *Vallis
clausa* — Restes nombreux de l'aqueduc romain
qui conduisait les eaux de cette source jusqu'à
Arles.

Vaudoret — Hameau, com. de Mouriès, cant.
de Saint-Remy (14 kil.)

Vauds (Les) — Hameau, 32 hab., com. et cant.
de Trets.

Vaufrège — Hameau et vallon, quartier de
Sainte-Marguerite, com. et 5° cant. de Marseille
(6 kil. 700 m.) — Ancien nom : *Val Freia* (1282)
— Fours à chaux.

Vaulubière (La) ou **Carnette** ou **Grand-Vallat**

— Petite rivière — A ses origines dans les montagnes de Venelles, traverse le territoire de Meyrargues et se jette dans la Durance, à 2 kil. de ce village.

Vauvenargues — Commune, 386 hab., cant. Nord et arrond. d'Aix (13 kil.)—Altitude : 411 m.— Sur la montagne centrale de Sainte-Victoire et la la route dép. n° 13, d'Aix à Rians — Eglise Sainte-Victoire (XI° s.) — Château du XVI° s. flanqué de grosses tours, renfermant le Réduit, reste présumé d'un château-fort romain (Belles salles, meubles, armures, tableaux) — Blé, seigle, épautre, bois de chêne; charbon de bois — Aux environs : Pierre-levée druidique; Double gouffre de *Garagaï*, mal exploré jusqu'à ce jour; *Le Délubré*, monument singulier, composé de deux salles voûtées et superposées. — Au sommet de la montagne (965 m.) Croix de Provence, relevée en 1875; Restes d'un ermitage et d'une chapelle — (Ascension pénible, guide nécessaire).

Vauveyras (Le) — Canal d'irrigation, com, d'Alleins — Cours : 900 mètres.

Vède (Le) — Ruisseau — Se forme au-dessus de la Coutronne, com. d'Auriol et se jette dans l'Huveaune, à 600 m. en amont d'Auriol.

Velaux — Commune, 1,014 hab., cant. de Berre (11 kil.) arrond. d'Aix (18 kil.) — Altitude ; 115 m. —Sur une colline qui termine, au Nord, la barre de Rognac — Ancien nom : *Velaucium* (1435) — Eglise Saint-Trophime (1610) — Chapelle attribuée aux Templiers —Blé, huile — Huileries, minoterie, papeterie, carrière de Mont-Ribas et du Collet de Bourret — *Foires* : 3° lundi après Pâques, 26 août — Visiter : Chapelle de Saint-Eutrope, sur un roc escarpé; Ruines romaines et autres.

Velaux — Station du chemin de fer de Rognac

(6 kil. 700 m.) à Aix (18 kil. 400 m.) — Altitude :
70 m. — Distance du village : 1,200 mètres.

Venelles — Commune, 676 hab., cant. Nord et
arrond. d'Aix (10 kil.) — Altitude : 409 m. —
Sur le versant méridional d'une colline se rami-
fiant à la Trévaresse — Ancien nom : *Castrum
de Venellis* (1237) — Eglise Saint-Hippolyte
(XIII s.); Restes d'un grand aqueduc romain qui
portait à Aix les eaux de Traconade (Jouques);
Ruines du château du moyen-âge — Blé, huile,
amandes.

Venelles — Station du chemin de fer de Marseille (44 kil.) à Pertuis (17 kil.) — Altitude :
325 m. 70 c. — Distance du village : 1.800 mètres.

Venel-Saint-Germain — Hameau, com. de
Simiane (3 kil.) cant. de Gardanne (7 kil. 500 m.)
— Au centre du massif de l'Etoile, au Sud de
Mimet — Voir : *Saint-Germain.*

Ventabren — Commune, 1,121 hab., cant. de
Berre (14 kil.) arrond. d'Aix (13 kil.) — Altitude :
218 m. — Sur une montagne, à l'extrémité septentrionale du chaînon de l'Estaque — Ancien nom :
Ventabrenius — Eglise Saint-Denis ; Ruines
du château du moyen-âge — Amandes, olives,
bois — Huilerie, minoterie, papeterie — Visiter :
Ruines romaines dans le quartier de *Font de
Vicari* ; Site de Roquefavour (Voir ce dernier
mot.)

Vérane (La Petite) — Roubine, com. de Saint-
Remy — Cours : 1,570 mètres.

Ventrons (Les) — Hameau, com. et cant. de
Martigues (3 kil. 600 m.) — Sur le versant méridional d'une colline et le ch. d'int. com. n° 15.

Véranne (La) — Roubine, com. de Saint-Remy.
— Se déverse dans le Réal — Cours : 3,337 mètres.

Vérans (Les) — Hameau, com. et cant. de Saint-Remy (3 kil. 500 m.) — Voir : *Mas des Vérans.*

Verdalas (Le) — Ruisseau — Se forme dans la com. de Belcodène, traverse la com. de Peynier et se jette dans l'Arc.

Verdière (La) — Roubine d'arrosage, en Camargue, com. d'Arles — Cours : 1,439 mètres.

Verdillon — Hameau, com. et cant. de Gardanne (2 kil. 500 m.) — Dans un vallon, à 200 m. de la limite de Simiane.

Verdon (Le) — Rivière importante de 170 kil. de cours dans le département du Var — N'appartient aux Bouches-du-Rhône que par son embouchure dans la Durance, à l'extrémité Nord-Est de la com. de Saint-Paul et du domaine de Cadarache — Fournit l'eau au *canal* d'Aix ou du *Verdon* (Voir ce mot.)

Verger (Le) — Hameau, 47 hab., com. de Bouc (5 kil.) cant. de Gardanne (4 kil. 500 m.)—A 200 m. du chemin de fer.

Vergières — Hameau, com. et cant. Est d'Arles (21 kil.) — Dans la Crau, à 2,500 m. de l'étang de Dezeaumes.

Vernègues (Le) — Commune, 432 hab., canton d'Eyguières (15 kil.) arrond. d'Arles (52 kil.) — Altitude : 352 m. — Dans un terrain aride et montagneux, à 800 m. du ch. d'int. com. n° 4 — Ancien nom : *Alvernicum* (1202) — Colonie ou comptoir massaliète, correspondant avec celui d'Alleins ELLENISIS (grec)—Ruines du château, au-dessus du village—Eglise Saint-Symphorien et presbytère qui fut un prieuré — Blé, huile, amandes — Visiter : la *Maison-Basse*, où se trouvent des ruines remarquables d'un temple grec et l'église Saint-Césaire du X° siècle (Voir : *Maison-Basse*); le plateau du Puech de Valloni (Voir ce mot) où se trouvent de nombreuses ruines de diverses époques, des tombes creusées dans le roc, etc.

Vernègues (Le) — Massif de montagnes, appartenant à la chaîne de la Trévaresse, séparé des Alpines par le vallon ou Trouée de Lamanon. Sommets : Vacaresse (389 m.) ; Vernègues (352 m.) ; Roquerousse (326 m.) ; Sonaillet (229 m.) ; le plateau de Sainte-Croix (295 m.) ; le roc de Caronte (291 m.).

Verquières — Commune, 212 hab., cant. d'Orgon (12 kil.) arrond. d'Arles (41 kil.) — Altitude : 55 m. — Dans une plaine médiocrement fertile — Ancien nom : *Villa de Verqueriis* (1150) — Église Saint-Vérédème, en forme de forteresse, avec clocher composé d'une tour ronde dans la partie inférieure et octogonale dans la partie supérieure, œuvre présumée des Frères Pontifes de Bonpas (XIIe s.) où l'on voit le portrait original de Saint-Labre — Céréales, légumes, garance, mûriers.

Verquières — Roubine de dessèchement, com. de Verquières et de Noves — Cours : 7,607 m.

Verrerie (La) — Hameau, 64 hab., com. de la Destrousse (200 m.) cant. de Roquevaire (3 kil.) — Sur le Merlançon.

Vertet (Le) — Grande roubine de dessèchement, com. de Tarascon — Cours : 7,970 m.

Viage (Le) ou **Roubine Pourrie** — Roubine, dans le Plan-du-Bourg, com. d'Arles — Cours : 5,447 m.

Viage-Vieux (Le) — Canal de dessèchement de la vallée des Baux, com. d'Arles — Cours : 5,635 m.

Vieux (Les) — Hameau, com. du Puy-Sainte-Réparade (500 m.) cant. de Peyrolles (12 kil. 500 m.) — A 600 m. du ch. de gr. com. n° 4.

Vidange d'Arles (La) — Canal de dessèchement,

commençant au pont de la Caussette et finissant à l'étang de Landre, com. d'Arles — Reçoit 17 canaux ou roubines secondaires mesurant ensemble plus de 55 kil. — Commencé par l'ingénieur Van Ens, en 1642. — Cours : 62 kil.

Vieille Eglise (La) — Hameau, com. de Mouriès, cant. de Saint-Remy (11 kil.).

Vigueirat (Le) — Canal de dessèchement, commençant au pont des Quatre-Arcs, com. de Tarascon, continuant sur les territoires de Fontvieille et d'Arles, et alimentant le canal d'Arles à Bouc auquel il aboutit, com. d'Arles — Cours : 45 kil.

Village-Ancien (Le) — Hameau, com. du Puy-Sainte-Réparade (2 kil. 500 m.) canton de Peyrolles (15 kil) — Altitude : 455 m. — Sur le revers septent. de la Trévaresse.

Villargèle (La) — Roubine, com. de Verquières — Cours : 2,000 m.

Villargèle (La) — Canal de dessèchement, com. de Noves.

Ville (La) — Roubine, com. d'Arles — Cours : 7,956 m.

Villeneuve — Village, 600 hab., com. et cant. Ouest d'Arles (23 kil.) — Dans la Camargue, près de l'étang de Valcarès — Ancien nom : *Cella de Villanova* (1040) — Eglise Saint-Joseph.

Villevieille — Hameau, 25 hab., com. de Rousset (1 kil.) cant. de Trets (7 kil.) — Altitude : 200 m. — Sur l'Arc.

Vinelle — Hameau, 31 hab., com. de Graveson, cant. de Châteaurenard.

Vinargues — Hameau, com. du Vernègues (2 kil. 500 m.) cant. d'Eyguières (17 kil. 500 m.) — Sur le ruisseau qui alimente le Moulin-Rompu à la Maison-Basse.

Violezi—Hameau, 36 hab., com. de Bouc (2 kil.) cant. de Gardanne (6 kil. 500 m.) — Sur la route nat. n° 8 (d'Aix).

Viollet — Hameau, 79 hab., com. de Cabriès (1 kil.) cant. de Gardanne (8 kil.) — Près de la limite de Bouc.

Viougues — Hameau, com. de Salon, arrond. d'Aix.

Viste (La) — Village, 1,049 hab., com. et 4e cant. de Marseille (6 kil. 500 m.) — Altitude : 147 m. — Sur la route nat. n° 8 (d'Aix).— Eglise Saint-Paul (1873) — Minoteries, usines diverses — Visiter : Le Château des Tours ; Aqueduc du Canal de Marseille, formé de 9 arches de 6 m. d'ouverture.

Viste (La) — Chaînon de montagnes, branche de l'Etoile, se rattachant au chaînon de l'Estaque.

Vitrolles — Commune, 1,082 hab., cant. de Berre (12 kil.) arrond. d'Aix (24 kil.) — Altitude : 135 m. — Sur un coteau dominant l'étang de Bolmon — Ancien nom : *Vitrola* (1164) — Eglise Saint-Gérard (1572) — Ruines du Château, escalier taillé dans le roc, tour élevée servant de clocher — Huile, amandes, mûriers, blé—Huilerie, minoterie, carrière de marbre, saline de l'Etang de Lion (Voir ce mot) — *Foire* : 15 août.

Vitrolles — Station du chemin de fer de Marseille (23 kil. 200 m.) à Avignon (97 kil. 600 m.) — Altitude : 35 m. 60 c. — Distance du village : 1 kil. 500 m.

Vitrolles — Chaînon de montagnes, ramification de la chaîne de l'Etoile, allant des Pennes à Ventabren — Sommets : le Signal de Rognac (264 m.);

la Tour de Ventabren (253 m.); Saint-Pierre-de-Vitrolles (176 m.).

Vivaux (Les) — Hameau — Voir : *Pont-de-Vivaux*.

Z

Zola (Canal de) — Canal d'alimentation de la ville d'Aix, créé en 1845, par l'ingénieur Zola, et amenant dans cette ville les eaux du ruisseau de Vauvenargue ou d'Infernet, retenues par un barrage considérable — Cours : 9,500 m.

FIN

ERRATA

Page   5, 21ᵉ ligne ARLES, *ajoutez* : 25,095 hab.
—   13, 30ᵉ — *au lieu de* : route nat. n° 96, *lisez* : n° 7.
—   33, 22ᵉ — *ajoutez* : CANAL DE ZOLA, voir : *Zola*.
—   37, 4ᵉ — *au lieu de* : sur le, *lisez* : Près du.
—   49, 31ᵉ — *au lieu de* : Eyrargues, *lisez* : Eyragues.
—   56, 11ᵉ — *au lieu de* : Riaou, *lisez* : Vallat.
—   56, 17ᵉ — *au lieu de* : (8 kil.), *lisez* : (9 kil. 400 m.).
—   59, 11ᵉ — *au lieu de* : DAUBERGNES, *lisez* : DAUBERGUES.
—   87, 19ᵉ — *au lieu de* : moulin, *lisez* : 5 moulins.
—   89, 16ᵉ — *ajoutez* : Voir : Querié.
—   111, 10ᵉ — *après* St-André *ajoutez* : (1738)
—   112, 26ᵉ — *après* (1020) *ajoutez* : convertie en sacristie.
—   113, 4ᵉ — *ajoutez* : construit de 1844 à 1847.
—   113, 17ᵉ — *lisez* : Chapelle romane dans le cimetière.
—   116, 17ᵉ — *ajoutez* : MORÉE (La) voir : *Saint-Marc*.
—   130, 30ᵉ — *au lieu de* : sur, *lisez* : en face de.
—   156, 17ᵉ — *au lieu de* : a atteint, *lisez* : atteint.
—   159, 20ᵉ — *au lieu de* : au-dessous, *lisez* : au-dessus.
—   166, 24ᵉ — *au lieu de* : 10 6, *lisez* : 1096.
—   190, 35ᵉ — *au lieu de* : *Parragrolis*, *lisez* : *Parayolis*.

LISTE ALPHABÉTIQUE

DES OUVRAGES STATISTIQUES ET HISTORIQUES

De M. Alfred SAUREL

————

Almanach-Guide de Marseille et du Département des Bouches-du-Rhône, 3 vol. in-32 de 170 pages chacun. Années 1870, 1871, 1872.

Annuaire de Lorient et de son arrondissement, vol. in-32 de 132 pages. Lorient, 1867.

Catalogue raisonné des objets contenus dans le Musée d'Archéologie de Marseille, avec un plan et deux gravures (en collaboration avec M. Penon), broch. in-12 de 72 pages. Marseille, 1876.

De la culture de l'oranger en Provence et du commerce des oranges à Marseille, broch. in-8° de 44 pages. Marseille, 1873. (Médaille d'argent.)

Des réformes à apporter à la législation des annonces judiciaires et légales, broch. in-8° de 20 pages. Marseille, 1872.

Dictionnaire des villes, villages et hameaux du Département des Bouches-du-Rhône, avec cartes, plans, dessins et gravures, publié sous le patronage du Conseil général (Médaille d'or.)

Tome I, grand in-8°, à 2 colonnes, de 390 pages. Marseille, 1877.

Tome II, grand in-8°, à 2 colonnes, de 416 pages. Marseille, 1879.

Tome III (Sous presse.)

Tome IV (En préparation).

Du rôle que joue le Chien dans la Société et de l'influence qu'il exerce dans la civilisation, broch. in-12 de 24 pages. Marseille, 1871.

Fossæ Marianæ ou *Recherches sur les travaux de Marius aux embouchures du Rhône*, brochure in-8° de 52 pages, avec cartes et plans. Marseille, 1865. (Médaille d'or.)

Géographie du Département des Bouches-du-Rhône, vol. in-18, de 64 pages, avec carte, plans et gravures, publié par la Maison L. Hachette. Paris, 1878.

Guide de l'Étranger à Lorient, avec une carte du département du Morbihan, vol. in-16 de 138 pages. Lorient, 1871.

La Banlieue de Marseille, ornée de cartes et dessins, vol. grand in-8°, à 2 colonnes, de 212 pages. Marseille, 1878.

La consommation des Fraises à Marseille, broch. in-8° de 12 pages. Marseille, 1872.

La Penne, la Pennelle et le général Pennelus, broch. in-8° de 28 pages, avec cinq photographies par le même. Marseille, 1872.

La Vallée de l'Huveaune, broch. in-8° de 44 pages. Marseille, 1872.

Les Bains de Mer, la Plage de Trouville et la Plage du Prado, broch. in-8° de 24 pages. Marseille, 1871.

L'Hôpital n'est pas fait pour les Chiens, boutade, broch. in-8° de 8 pages. Marseille, 1871.

Lorient et les Lorientais, vol. in-18 anglais de 153 pages. Lorient, 1867.

Manuel de l'Etranger dans la ville d'Aix, broch. in-32 de 36 pages. Marseille, 1871.

... de l'Étranger dans la ville et Arles et son
territoire, vol. in-... de ... pages. Mar-
... 1872.

...de l'Étranger dans la ville de Tarascon
... son territoire, broch. in-32 de 48 pages. Mar-
... 1878.

... de l'Étranger dans les rues de la
... et la Banlieue de Marseille, vol. in-...
... éditions.

... Avaticorum ou *Recherches sur une*
... morte dans la commune de Saint-
... (Bouches-du-Rhône), broch. in-8° de
... de gravures. Tours, 1877.

... contemporaine (extrait du *Tour de*
... France), in-4° de 160 pages, illustrés de gravures
..., 1876.

...eille et sa Banlieue, vol. in-32 de 140 pages.
..., 1870.

...eille et ses Environs, vol. in-32 de 312 pa-
... vues, 2 plans. Paris (Collection Joanne),
... édition, 1870; 2e édition, 1875; 3e édition 1878;
... édition, 1880.

... visitée en 24 heures, broch. in-12 de
... avec plan. Marseille, 1875. — 2e édi-
... 1876.

...ire à propos d'une inscription romaine,
... in-8° de 20 pages. Marseille, 1857.

...istorique sur le Château-Borély, orné
... et de plans, broch. in-8° de 40 pages.
..., 1876.

... sur la Commune et les eaux minérales
... (Drôme), broch. in-32 de 24 pages.
..., 1876.

Notice historique sur Saint-Jean-de-Garguier, l'abbaye de Saint-Pons et Gémenos, broch. grand in-8° de 76 pages. Marseille, 1863. (Mention honorable.)

Petites Notices sur tous les Monuments et les Édifices publics de Marseille, broch. in-32, de 36 pages. Marseille, 1870.

Raolin ou Aperçu historique sur la République marseillaise au XIII° siècle, broch. in-8° de 32 pages. Marseille, 1877.

Rapport sur le tableau général du commerce de la France avec ses colonies et les puissances étrangères, pendant l'année 1868, suivi d'un rapport sur le Cabotage, broch. in-8° de 20 pages. Marseille, 1871.

Répertoire de l'histoire de Cassis, broch. in-8° de 76 pages. Marseille, 1857.

Roux de Corse ou Notice historique et biographique sur George de Roux, marquis de Bruc, négociant et armateur marseillais (1703-1792) broch. in-8° de 58 pages. Marseille, 1870.

Statistique de la commune de Cassis, vol. in-8° de 252 pages. Marseille, 1857. (Médaille de vermeil.)

Venise en Provence, Histoire de Martigues et de Port-de-Bouc, volume de 164 pages, petit in-8°. Marseille, 1862. (Mention honorable.)

Imprimerie du Petit Marseillais. T. SAMAT. quai du Canal. 15.